Roland Winterstein

Dreh auf Vollgas, Leben!

Ein Mach(er)werk!

Roland Winterstein

Dreh auf Vollgas, Leben!

Lifestyle-Ratgeber

Impressum

Brainbreak Selection
Dreh auf Vollgas, Leben c/o autorenglück.de
Franz-Mehring-Str. 15
01237 Dresden

Copyright © 2021 Roland Winterstein

Lektorat & Korrektorat & Buchsatz: Stephanie Bösel,
www.herzblut-lektorat.de
Fotomaterial: © Roland Winterstein
Coverbild: www.shutterstock.com – Yuganov Konstantin
Covergestaltung: Stephanie Bösel
Verlag & Druck:
tredition GmbH, Halenreie 40-44, 22359 Hamburg
ISBN: 978-3-347-29370-0

SWIM IN THE SEA
ENJOY ROADTRIPS
COUNT THE STARS
MAKE MONEY
FIND TRUE LOVE

Inhaltsverzeichnis

Inhalt ohne Verzeichnis

»Gewissensbisse waren gestern.«

»Beißen Sie sich lieber durch! Leben ist ein Tuwort.«

R oland Winterstein, Exbeamter, Extremsportler, vielfach gelobter Film- und Fernsehmacher und Theaterautor, zu wenig gelobter Vater (kleiner Wink mit dem Zaunpfahl an meine verwöhnten Stammhalter), Privatier, Kolumnist, zeitweise ausgewanderter Inselpoet, kreativer Kopf einer millionenschweren Figur, die Deutschland überrollte und Kinder wie Eltern in den Wahnsinn trieb.

Über die gnadenlose Eroberung des eigenen Lebens.

Vom Sockenmodell in renommierten Katalogen und einem Kurzfilm, der in Cannes aufschlug. Von mädchenaffinen Zeichentrickfilmen. Tanzenden TV-Puppen und wunderbar bunten Comics (Auflage sechsstellig).

Über hochkulturelle Lesungen in Elbflorenz, die Magengrummeln verursachten, intensiven Extremsport einmal um die Erde mit einer ewigen Startnummer 1000.

Vom Aufbäumen, vom Wanken und Schwanken, von Glanz und Gloria und dem ganzen anderen Rest, der vom rasanten Leben aufgewirbelt wird.

»Viele wissen, wie es geht, aber sie können es nicht tun.«

Vom Wollen zum Umsetzen, vom Weitergehen – vom Durchgehen – erzählen diese leidenschaftlichen, humorvollen Geschichten. Lassen Sie sich davon inspirieren!

Und eines ist eh klar:
»Die meisten guten Sachen im Leben passieren zufällig!«
… oder steckt vielleicht doch stets ein ziemlich guter Plan dahinter? …

Meine Headlines

Das Leben ist wie eine Dunkelkammer, du weißt nie, wie sich was und ob sich überhaupt etwas entwickelt. Aber es ist viel zu aufregend, als dass du einfach so rausgehen und nichts tun könntest …

Du triffst Entscheidungen, die machen dich zu einem König. Und es gibt Entscheidungen, die machen dich zu einem Bettler. Für beides hat dir dein Leben die Koffer gepackt!

Das Glück und der Bitcoin sind Kuriositäten.

Alle großen Stars waren mal klein!

Es gibt im Leben keine Patentrezepte, nur Kochrezepte.

Life is much better in the pool.

Ich widme meinen Lifestyle-Ratgeber allen,
die es wirklich wissen wollen!

Willkommen!
Treten Sie ruhig näher!

Vorworte

Handlanger des Glücks

»Das schaffst du nie. Das geht nicht.« Ich liebe es,
wenn Gespräche so beginnen!

Ich bin der dunkle Punkt auf dem Röntgenbild. Ich bin die genommene Vorfahrt. Ich bin das in Flammen aufgehende Flugzeugtriebwerk. Ich bin die Liebe, die geht. Ich bin das Leben, das immer nur den anderen passiert. Glauben Sie an das Schicksal, die Fügung und die Unabänderlichkeit des eigenen Daseins?

Ich nicht!

Man könnte sich ja beruhigen. Immer Vorletzter im eigenen Trott zu sein, birgt den immensen Vorteil, wenigstens jemanden hinter sich gelassen zu haben.

Der Alltag ist zuweilen ein höchst unangenehmer Zeitgenosse, dem man am liebsten die Gurgel abdrehen möchte. Aber das ist wenig hilfreich, denn dabei könnte Ihnen womöglich die Luft ausgehen. Also verschieben wir dieses Wagnis erst einmal auf morgen. Denn die Müllbeutel wollen noch rausgetragen werden und die Kids in die Schule chauffiert. Aber morgen gehen wir es an.

Das wird bald gilt nicht für mich.

Das wird jetzt, so lautet mein Antrieb!

Morgen, immer wieder morgen. Wir glauben, dass es immer ein morgen gäbe.

Ist das eine gesicherte Erkenntnis? Haben wir darauf eine Garantie, eine Versicherung oder ein Zertifikat? Nein! Wäre es nicht sinnvoller, sich mit dem Hier und Jetzt zu beschäftigen? Natürlich kann einem das Gestern, Heute oder Morgen egal sein.

Ablenkung lauert allerorts. Absinth auf einen Würfelzucker zu tröpfeln und in fremdproduzierte Traumwelten einzutauchen, ist in Zeiten flauschiger Sofalandschaften eine verlockende Offerte.

All diese bequemen Handlanger des Glücks, die überall lauern, sind verdammt geschickte Verkäufer, auf die auch ich ab und zu hereinfalle.

Ab und zu ist aber etwas anderes, als ein komplett vergnügungssüchtiger Lebensinhalt ohne eigene Reizsetzung!

Darf ich Ihnen etwas ins Ohr flüstern?

Das Leben ist viel zu schade fürs Easygoing.

Ich klammere an dieser Stelle ausdrücklich all diejenigen aus, die daran glauben, im nächsten und weiteren Dasein als Gänseblümchen oder Vorstandsvorsitzender geboren zu werden. Ich denke, wir besitzen nur einen Wurf!

Eines vorneweg: Ich kenne keinen Zaubertrank, kein ultimatives Seminar, keine Erfahrungstrips, allein oder mit Gleichgesinnten, knapp vors oder ins Nirvana, begleitet von einem Guru, Coach, Heiler und all diesen Zeitgenossen, die nur an ihre eigenen Wahrheiten glauben und scheinbar wissen, wie ein – ich zitiere meine Kinder – »geiles Leben« funktioniert.

Wobei ich ausdrücklich aus eigener Erfahrung betonen möchte, dass es geniale Coaches, Speaker und Wegbegleiter im Kosmos des ewigen »Ich mache dich und alles besser« gibt.

In diesem Hauen und Stechen um Teilnehmer, um ausgebuchte Hallen oder vollbesetzte Konferenzräume der Hotelkategorie drei Sterne aufwärts, eine rare, aber verfolgungswerte Spezies, an deren Spuren sich zu heften lohnt. Ob sich Ihre Investition oder deren Mentoring dann letztendlich für jeden auszahlt und Sie in dieser hyperaktiven Eventfolklore froh werden, müssen Sie allein entscheiden. Ich wünsche es Ihnen von Herzen!

Ich bin kein Großmeister in Sachen Persönlichkeitsentwicklung nach Anleitung, eher ein praktischer Hausmeister, der leidigen Baustellen des Lebens.

Nur ...
... wenn es brennt,
wen von beiden rufen Sie?

Lebenswege zeichnen sich realistisch betrachtet durch stoische Tippelschritte aus. Selten geschmückt mit exklusiven Spielzeugen, die bei genauerer Betrachtung nur »vage Kulissen des eigenen Glücks« sind. Auch wenn die Magazinlandschaft im Hochglanz solche »High-End-Utensilien« als alternativlosen Maßstab für das ultimative Lebensglück auslobt.

Kommen wir zurück zu meinem Lifestyle namens Wanken und Schwanken hin zu einem selbstbestimmten Leben. Wobei »selbstbestimmt« auch so ein unglaublich schwammiger und abgegriffener Begriff ist. Fühlen Sie sich frei? Sind wir überhaupt jemals frei?

Lassen Sie uns das bitte etwas später genauer klären. Wir befinden uns aktuell noch bei den ersten kleinen Hopsern nach vorn. So viel steht fest:

»Es gibt immer nur zwei Richtungen im Leben. Nach vorn. Und nach vorn!«

Zur Seite ausweichen gilt nicht. Und Anhalten oder Umdrehen steht nicht in meiner Gebrauchsanweisung. Aber dort steht eines ganz dick unterstrichen:

»Nur was nicht ist, ist möglich.«
(Einstürzende Neubauten)

Mögen Sie ein Haus am Meer oder den Speicher von Herrn Duck? Ich auch! Wenn es für Sie jedoch immer **nur** diese Dinge sein müssen, habe ich eine wichtige Nachricht an Sie. Dieses Buch war leider ein Fehlkauf und ich nehme es auch nicht zurück. Umtausch ausgeschlossen.

Ich kenne keine 24 Tipps zur finanziellen Freiheit, nicht den eleganten Einstieg ins Networkmarketing. Ich will auch nicht mein persönliches Umfeld ändern, denn ich liebe meine Familie und Freunde. Nicht, dass ich gegen rigide Entscheidungen wäre, ich bin aber auch nicht dafür.

Ich denke, man benötigt weit weniger und damit möglicherweise weit mehr zur langfristigen Zufriedenheit. Denn in meinem Bekanntenkreis tummeln sich zahlreiche Menschen mit hängenden Mundwinkeln inklusive schlaflosen Nächten. Und dass trotz eines bar bezahlten Penthouses in erster Meereslinie.

Muten wir uns lieber eine inwendige Villa der Möglichkeiten zu.

Ich möchte Ihnen – wie bereits formuliert – von diesen Tippelschritten zu lichtdurchfluteten Tagen erzählen. Nein, – noch besser – ich würde Sie gern mit an die Hand nehmen. Unsere Reise könnte von mir aus sofort beginnen!

Anvisiertes Ziel:
Wenn Sie irgendwann vor oder nach mir Ihr Silberbesteck an der Himmelspforte oder vor dem lodernden Kochtopf etwas weiter unten abgeben müssen, huscht hoffentlich ein Lächeln über Ihr Gesicht und Ihr letzter Gedanke wäre dieser:

»War eigentlich alles ganz okay so.«

Und kommen Sie mir jetzt nicht mit »ganz okay« ist die kleine Schwester von »komplett missraten«. Ich persönlich finde »ganz okay« für ein zufriedenes Leben mehr als »ganz okay«.

Sind Sie dabei?

Deal?

Mein Erfahrungsschatz wartet. Bergen wir ihn mit Witz, Gelassenheit und keinem Warum? Lieber einem Darum!

Und allen Zweiflern, die ins Grübeln kommen, ob diese Pappnase aus der Medienbranche wirklich einer Wurstfachverkäuferin, einem CEO oder Studienrat in Pension oder Normalsterblichen auf die Sprünge helfen kann, sage ich ganz ehrlich: »Ich habe nicht den Dunst vom Schimmer einer blassen Ahnung.«

Aber ich bin beseelt vom Scheitern, Gelingen und Möglichmachen!

Punkt!

Kennen Sie Ihren Punkt?

Dieser ominöse Punkt, an dem ich beinahe fast falsch abbog. Denn wer will schon immer dorthin geführt werden, wohin man eigentlich gar nicht möchte. Lassen Sie uns die Richtung finden. Ihre Richtung.

Ich werde keine Weisheiten, Wiederholungen oder Regeln aufstellen und bin mir sicher, es wird doch geschehen. Ich werde mir erlauben, von einem zu anderen Gedanken zu schlingern. Denn Leben bedeutet nun mal Agieren auf höchst glitschiger Unterlage. Leider wirft es dich immer dann hin, wenn du am wenigstens damit rechnest. Wir hören nie auf, zu lernen und Fehler zu machen. Nur eines von beiden sollte nie enden. Ihre Entscheidung, ins Boot der Wagemutigen zu kommen. Lassen Sie alles beiseite, was nach Ladehemmung aussieht oder sich so anfühlt.

Dank meiner Großmutter kann ich mit einer weiteren Lieblingsbinsenweisheit glänzen und Sie vielleicht für diese Lektüre gewinnen und inspirieren!

Ausprobieren geht immer und überall über studieren!

Herzlichst Ihr
Roland Winterstein

Die schönste Aussicht ist ein stiller Meister und macht geduldige Schüler.

Warm-Upper

» **n**ur in der Persönlichkeit ist Leben. Und alle Persönlichkeit ruht auf einem dunklen Grund, der allerdings auch Grund der Erkenntnis sein muss.«

(Friedrich Wilhelm Schelling, Über das Wesen der menschlichen Freiheit, 1809)

Claudia Schiffer, ein Koffer voller Geld oder Kiesweg inklusive Villa?
Ich nehme lieber Beharrungsvermögen und Selbstvertrauen!
(Frage einer Fee an mich und meine Antwort)

Froh zu sein, bedarf es wenig, und wer froh ist, ist ein König!
(August Mühling, 1842)
(singen/sangen meine Kinder beinahe täglich – zur Nachahmung empfohlen)

»Wucht ist mein zweiter Nachname!«
(Josef Winterstein, 1973)

»Kaum hast Du dich abgewandt und resigniert, blinkert dieses wundervolle leichte Mädchen namens Leben mit den Augen und hat Dich wieder eingefangen!«
(unbekannter Privatier vom Nikki/Calvia Beach, Illes Balears)

Kapitel I

»Nicht die Vergangenheit, sondern die Träume von der Zukunft bestimmen unsere Gegenwart!«

Der Weg zur Hölle ist immer nur mit guten Vorsätzen gepflastert!

Es wird in diesem Buch keinen komplett richtigen Anfang und kein komplett richtiges Ende geben. Beides existiert in meinem Leben nicht. Das heißt, es sich ehrlich machen.

Gehen wir also zügig weiter zu etwas, das auf den folgenden Seiten ebenfalls nicht auftauchen wird: »Planungssicherheit«. Was für ein armseliger Zinnsoldat. Dieser Wackelkandidat wurde von mir längst eingeschmolzen. Wer danach krakeelt, verlässt niemals die Wege. Feste Strukturen sind die traurigen Gesänge der Verlierer!

In diesem Jammertal Ihres Lebens biegt rasch der zweite, unangenehme Geselle um die Ecke: Das Wehklagen, weil die Ecke nicht eckig genug ist oder viel zu eckig für den eigenen Anspruch erscheint.

Wenn Sie sich dem hingeben, bedeutet dies Verlust. Verlust an eigenen Ideen, an Aufbruchsstimmung, an Einbildungskraft, am Weitermachen. Eigentlich an allem. Also, Struktur und Planungssicherheit können weg.

Lassen Sie uns lieber freudig erregt und total verzweifelt sein. Dann kriecht das genau vermessene Leben unter dem Bett hervor und es könnte spielerisch leicht werden.

Denn wie sagte schon George Bernard Shaw: »**Wir hören nicht auf, zu spielen, weil wir alt werden: Wir werden alt, weil wir aufhören zu spielen.**«

Was gibt es denn schon zu verlieren, außer den Weg ins Fegefeuer?

Hier hilft eine List aus meinem Sportlerleben.

Lange Distanzen niemals zu Ende denken.

Sonst erscheinen diese unbesiegbar. »In Abschnitten agieren« bringen einen weiter! Jetzt bis zur Ampel. Danach weiter das Stückchen bis zum Museum. Und irgendwann sehen Sie ganz, ganz entfernt das wehende Banner mit den magischen vier Buchstaben

Ziel!

Und dennoch gilt: **Mögen alle Narben (die hundertprozentig kommen werden!) hoffentlich kleine Narben bleiben.**

Treten Sie in mein Leben ein.
Treten Sie für sich ein!

Kapitel 2

Herren und Sklaven

Du kannst so leben, musst es aber nicht.
Be true, not better!

Ist Ihnen das auch schon aufgefallen? Immer diese schicken Autos auf diesen felsigen und seltsamerweise stets schlangenlinienförmigen Küstenstraßen. Nirgendwo Gegenverkehr. Kenny Chesney trällert: »Be as You Are«.

Mit Vollgas ins strahlend blaue Kulleraugenmeer hinein und scheinbar weit darüber hinaus. Und mitten im Geschehen der Topverkäufer, Topcoach, Topmensch, der nach ein paar Minuten, ach was, Sekunden erkennt, was für ein Typ Sie sind, was Sie mögen und ab jetzt brauchen. Der Ihnen dann all diese wunderbaren Sachen und unerlässlichen Hinweise nahebringt, die Sie sonst niemals auftäten. Um Sie herum flanieren gut gekleidete Meister aller Klassen hinsichtlich Kommunikation, Erlebnis und Wissensvermittlung im High-End-Level. Effiziente Überraschungseffekte im Paket für höchste Selbstzufriedenheit.

Bezahlen Sie jetzt mit einer dunklen Kreditkarte aus Titan Ihrer Wahl.

Eine Klischeehölle als Antrieb?

Bitte nicht!

So funktioniert doch nur die manipulierte Versinnbildlichung von Freiheit und perfidem Glück. Und nachher hängen wir alle, mit den trotz Armut permanent gut gelaunten »locals«, bei Gitarrenmusik ab. Umrahmt vom südländischen Sonnenuntergang, der über jedes ambitionierte Bildbearbeitungsprogramm nur müde lächelt.

Diese alten guten (Erfolgs-)Geschichten langweilen ungemein, ziehen aber bis heute. Die einen schweben von penetranten Glücksengeln hartnäckig verfolgt auf sanften Wellen voller Gelingen. Die anderen schuften sich ab und kommen auf keinen Zweig. Geschweige denn auf einen grünen!

Falls doch, dann ist Ihr Ast so morsch, dass Sie ihn nicht mal absägen müssen, um hinunterzufallen. Das erledigt die Realität mit links.

Die Kirschen auf der Torte erhalten immer die anderen. Das faulige Fallobst wird Ihnen rübergeschoben.

Ich finde, dieses Bild ziemlich trist. Ob es in Gänze stimmt oder nicht, vermag ich nicht zu beurteilen, aber trist bleibt es so oder so.

Ich kenne Tristesse! Meine Tristesse bestand aus einer Beamtenurkunde mit einem wirklich beeindruckenden Bundesadler darauf. Weil ich fleißig war, die Gunst der Stunde nutzte, die richtigen Leute kannte oder einfach nur etwas passierte, das ich nicht erklären kann – wir nennen es dann meistens Glück –, schlug ich der internen Bürokratie ein Schnippchen und schaffte eine Sache, die nur wenige vermochten. Ich wurde »upgegradet« und sprang eine Beamtenlaufbahn nach oben. Karriere, yippie, hurra!

Dies beinhaltete zwar noch einmal einige Jahre an relativ sinnbefreiten Tuns, aber letztendlich besaß ich danach zwei dieser schicken Urkunden – bitte nicht missgünstig werden. Es lohnt nicht!

Der Neidische ist stets sein eigener Henker!

Ich möchte nicht lax über meine Leistung hinwegsehen, denn das Beamtendasein besaß in den 80ern Flair. Ich galt als Talent in Sachen Amtsschimmel. So rutschte ich einige Besoldungsklassen nach oben. Ich hatte es geschafft. Scheinbar.

In meinem Viertel, in meiner Familie, überall galt ich als King. Nicht, dass man umgehend meinen Namen mit Signalfarbe auf die Wände gepinselt hätte, aber Bewunderung war versteckt und auch offen vorgetragen reichlich vorhanden.

Ich war dort, wo die anderen hinwollten. Doch deren »dort« war nicht mein heiliger Gral.

Ich fühlte mich so überhaupt nicht als lokaler Überflieger, sondern kämpfte mit der Tatsache, dass ich in meinem Arbeitsalltag urplötzlich viele dieser hadernden Akteure namens Staatsdiener, von denen ich eigentlich wegwollte, zu befehlen hatte. Und von den zwielichtigen Leuten in meinem Viertel wollte ich schon gar nicht gefeiert werden.

Wo war nur diese verdammte Felsenstraße am Meer? Das Auto ohne Verdeck und all der Rest, der pures Leben verhieß?

Ich zog bereits mit 17 Jahren aus, besaß damals, dank Bürgschaft meiner Eltern, eine kleine, gediegene Wohnung mit einer Fototapete. Strand, feinkörnig, mit gebogenen Palmen. An der anderen Wand hingen meine bundesbehördlichen Urkunden. Ich starrte von der einen Seite auf die andere.

Kapitel 3

Realität versus Vision.

Wie gegen Was.
»Wie es geht«, können Sie von anderen lernen oder
sich anlesen. Das »Was nun tun« tragen Sie allein als
Sack voller Steine auf dem Buckel.

Wohin sollte meine Reise gehen? Alle Konventionen über Bord werfen oder sich doch lieber die gesicherten Beamtenprivilegien ans Revers heften?

Im Frühjahr waren meine Gedanken noch unreif, beinahe grün hinter den Ohren. Im August, ein Monat, der nichts zu bieten hat als brutale Hitze, war es dann so weit. Was im April noch eine Rempelei ist, ist im August Mord. Ich beschloss, zum Killer zu werden. Zum Einzeltäter über meine nächsten Schritte. Ich erlaubte mir das, denn ich bin bis heute der einzige Vorsitzende, der einzige Richter über meine Entscheidungsgewalt. Das sind Sie übrigens auch!

Wenn sich die Wand in Ihrem Rücken kalt anfühlt, kann Ihnen keine Rechtschutzversicherung oder ein einen Tick zu freundlicher Bankberater weiterhelfen. Da müssen Sie selbst in die Gänge kommen. Ich habe den Status quo Status quo sein lassen. Startete meinen gebrauchten VW Polo (abbezahlt!) und nahm Kurs auf die Ungewissheit.

Im Rückspiegel erscheinen einen die Dinge ja immer größer, als sie tatsächlich sind.

Diese Maxime beruhigte mich, als ich all die erhobenen Zeigefinger und stirnrunzelnden Bedenkenträger sah. Es schien mir beinahe so, als ob sogar die Bundesadler auf meinen Urkunden verständnislos ihre Flügel hingen ließen.

Was blieb unterm Strich? Für den neutralen konventionshörigen Betrachter nicht viel. Für die war ich ein dummer Kerl. Ein Spinner. Träumer. Einer, der in was auch immer nicht reinpasste.

Für mich stand da unter dem Strich viel mehr als jemals zuvor!

Du bist raus!

Im Namen der

Bundesrepublik Deutschland

ernenne ich

den

ROLAND WINTERSTEIN

mit Wirkung vom 1. Januar 1991

zum

Nürnberg, den 13. Dezember 1990
Für den Vorstand der

Im Auftrag

[Unterschrift]

Ohne Worte

oder

»Kind, wie kannst du so was nur aufgeben?!«

Kapitel 4

Aus Neuland wird Festland

Trotz der Anhäufung von Eigentum und Einkommen für uns oder unsere Nachkommen, der Gründung einer Familie, selbst der Erwerbung von Ruhm sind wir sterblich. Unsterblich aber sind wir im Ringen nach Wahrheit und Selbstverwirklichung, und hier brauchen wir keine Wechselfälle, kein Schicksal zu fürchten. **(ich, frei nach Henry David Thoreau)**

Ich habe Henry inhaltlich nichts hinzuzufügen. Eine Familiengründung stand bei mir jedoch nicht auf dem Plan, aber mein Verlangen nach Ruhm und einem sprießenden Bankkonto waren deutlich stärker ausgeprägt als Wahrheit und Selbstverwirklichung. Ich ahnte noch nicht, wie engmaschig diese Dinge miteinander verknüpft waren und sind.

Da stand ich nun. Ein Aussteiger mit höchsten Ambitionen. Doch wie sollte ich diese realisieren? Ich besaß ja weder Plan A noch Plan B. Ich wollte es nur mit jeder Faser meines Körpers. Mehr hatte ich nicht zu bieten.

Aber was David gegen Goliath vermochte … So schwer kann es ja nicht sein … Was der Zwerg konnte …

Mein Ausgangspunkt zu allem.

Der Antrieb.

Der Effekt jedes Tuns sitzt meiner Meinung nach im Herzen, doch noch viel wichtiger ist die Methode. Diese befindet sich in der Seele.

Ich weiß, das klingt reichlich blumig wie kitschig, aber Sie müssen schon ein heißes Herz und eine brennende Seele am Eingang zum besseren Leben vorweisen, sonst schüttelt der Türsteher vor dem Paradies bedauernd den Kopf.

Es passierte ... nichts!

Verdammt lange nichts!

Die Phase des Zögerns und Zauderns, der Ungewissheit wird auch Sie ereilen.

Meine Seifenblasen namens Wunschvorstellungen nach Renommee, Anerkennung, Status, Reichtum – Plopp, Plopp, Plopp – alle zerplatzten.

Weggehen von irgendetwas, wie mutig und einzigartig Ihnen diese Tat auch vorkommt, reicht in den seltensten Fällen aus.

Ein erster Schritt ist zwar wunderbar, aber wenn Sie danach nicht in die Gänge kommen, enden Sie als Rohrkrepierer oder noch schlimmer ... als bemitleidenswerter Tagträumer.

Wer dann keinen sehr, wirklich sehr reichen Onkel mit Spendierhosen in der Verwandtschaft hat, handelt sich Existenzprobleme ein und zwar sehr ernsthafte. Ich kann darüber ein Lied singen. Herzliche Grüße an dieser Stelle an meinen verblichenen (nicht sehr spendablen) Onkel Erich.

Wunschvorstellungen bleiben Wunschvorstellungen, wenn Sie den Hintern nicht hochbekommen. Und zwar nicht einmal, sondern Tausende Male.

So klar und lapidar, doch eine der schwersten Lektionen.

Mich verließ der Mut und auch mein Elan ließ arg zu wünschen übrig. So plötzlich, dass ich es kaum fassen konnte. Mein Adrenalin sank so rapide, wie es in die Höhe geschossen war. Ein ganz normaler Prozess, aber als Grünschnabel auf unbekanntem Terrain schleicht sich jetzt rasch Nervosität ein und die Angst, es nicht zu bringen. Stichwort: zahnloser Bettvorleger.

Ich wollte aber nicht in meinem Schlafzimmer flach herumliegen und stagnieren. Labil bleiben war nie mein Ding. Also setzte ich auf das, auf das ich immer setze, wenn es so richtig eng wird.

Meinen Trotz!

Ich startete in den 80ern mit der »ernsthaften« Schreiberei. Wie ein kreativer Rasenmäher tippte ich los. Ich konnte ja nicht ahnen, dass diese Leidenschaft bis heute anhalten sollte.

Im Schreiben zu Haus – damals wie heute.

Ich wählte die Printmedien als meine Kompagnons nach oben. Am Wochenende waren überregionale Zeitungen besonders dick, früher gab es in diesen Medien noch üppige Zusatzseiten voller Stellenanzeigen und Stellengesuche. Diese Ausgaben sollten meine Schwerter sein, um als David II. einen erfolgreichen Kampf zu schlagen.

Um sich nach oben zu hangeln, benötigen Sie interne und externe Steigbügelhalter! Koste es, was es wolle!

Ich investierte unbändige Ausdauer und Hartnäckigkeit. Das kannte ich vom Sport. Die bekannte Geschichte mit dem »langen Atem« haben.

Wenn Sie genügend Bälle auf die Dosen werfen, treffen Sie auch.

Keiner wollte meine Texte. Es gab Hunderte von Rücksendungen, jene verhassten dicken Umschläge mit standardisierten Absagen, die meinen Briefkasten verstopften. Sie wanderten ungelesen ins Altpapier. Studieren Sie Ihre Todesurteile?

Aber eine Dose wackelt!
Wackelt immer!
Und ab und an kippt sie auch um.

Das erste, künstlerische Engagement! Weit entfernt vom hochkulturellen Schriftstellertum. Ich startete meine Karriere als Sockenmodell für einen bundesweiten Katalog. Klingt ausbaufähig – denken Sie nun vermutlich –, dachte ich damals auch, und so fuhr ich zig Kilometer in ein schickes Fotostudio, um dort stundenlang, in höchst unbequemer Pose, meine schicken Füße samt Socken in einer total abnormalen Haltung zu präsentieren, die sich der Fotograf nicht mal selbst ausdachte, sondern vom Unternehmen vorgegeben wurde.

Ich fand das weit beschämender für diesen sogenannten Kreativen als meine alberne Beinpräsentation für Seite xy des yx Katalogs.

Seien Sie am Anfang Ihrer neuen Karriere mit Jobs nicht wählerisch, nur der Weg sollte wenigstens vage in die anvisierte Richtung führen. Ansonsten, Finger weg – es drohen Zeitverlust und unnötige Ehrenrunden. Wer Bäcker werden möchte und aktuell kein Land in der Bäckerstube sieht, sollte keine Blumen als Überbrückung verkaufen, sondern als Fahrer, der Teigwaren ausliefert, beginnen. Bleiben Sie im Metier, irgendwie!

Ich wollte mehr, Sie wollen mehr – also weiter.

»Seien Sie dreist, aber niemals unverschämt oder elitär.«

Den folgenden Spruch kennen Sie sicherlich – warum vergessen ihn so viele?

»Wie man in den Wald hineinruft, schallt es auch wieder heraus.«

Ich wollte mir etwas Zeit, Luft (und Geld) verschaffen und leistete deshalb meinen Zivildienst ab. Er bot mir genügend Freiraum, mich kreativ umzutun, gleichzeitig erhielt ich Salär, zwar gering, aber es reichte aus, mich kurzfristig über Wasser zu halten. Die Phase als Zivi prägte mich stark und half mir später, in vielen Situationen des Lebens, gelassen zu bleiben.

Vergessen Sie niemals, dass Sie nicht allein auf der Welt weilen und es bei aller Ambition niemals schadet, etwas fürs Allgemeinwohl zu tun. Das gilt umso mehr, wenn Sie irgendwann vom Berggipfel aus gen Fußvolk grüßen.

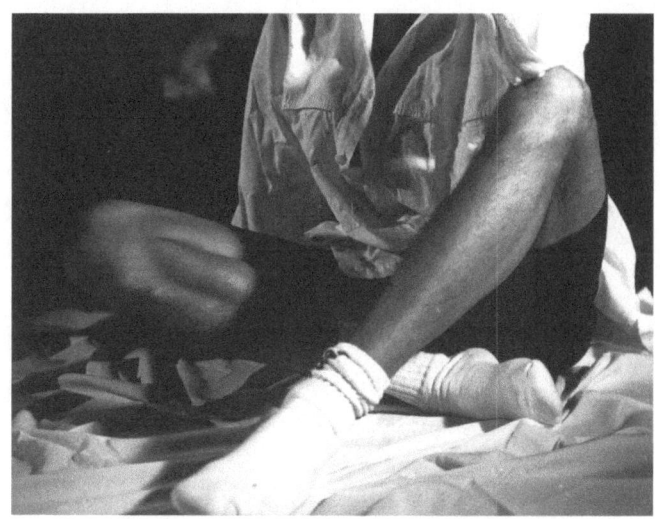

Sockenmodell!
Leisten Sie sich ruhig Jugendsünden.

Wenn du gegen den Strom schwimmst, triffst du auf andere, die ähnlich unterwegs sind. Man erkennt sich in der Szene. Fragen Sie mich nicht, wie dieses ominöse System funktioniert, aber ich erhielt einen Tipp. Ich sollte mir die Pinnwand der örtlichen Studentenvermittlung ansehen. Dort gäbe es auch immer den einen oder anderen Job aus der Medienbranche. Zwar meist nur unspektakuläre Offerten für Praktikantenjobs oder Hilfsarbeiterstellen, aber immerhin.

Ich war schon immer ein Chancensucher. Andere mögen die Nase rümpfen, aber ich sagte mir, diese Tätigkeiten böten Möglichkeiten, einen Fuß in die Tür zu bekommen. So ergatterte ich als Nichtstudent einen

Studentenjob für eine Weihnachtsshow des Bayerischen Rundfunks.

Oha, denken nun einige. Ein Nichtstudent, der sich als Student ausgibt. Geht das denn?

Manchmal ist es unabdingbar, die Wahrheit etwas zu dehnen.

Verzichten Sie jedoch dauerhaft aufs Hochstapeln! Das ist keine Option und führt Sie nur kurzfristig über eine Hürde. Es sollte (mindestens) eine Facette der Wahrheit in Ihrem Vorgehen liegen! Kontinuierliches Flunkern wird Sie aus dem Spiel nehmen. Ganz abgesehen vom Kinderstubenfaktor.

»Im Leben musst du nicht immer genial spielen, sondern im richtigen Moment die Big Points machen! Und das fair.«

Ich war bereit, das weihnachtliche Showgeschäft zu rocken.

Doch auch hier erhielt ich eine bittere Lektion. Ich war durchsichtig. Für jeden wichtigen Menschen, der in dieser relativ schlichten Show herumsprang, war ich Luft. Ich war fassungslos.

Stattdessen kniete ich auf einer lächerlichen Showtreppe, die mit einer Art Alufolie eingewickelt war. Mein Job war es, die Folie auf den Stufen glatt zu streichen, damit diese schön glitzerte. Seien wir ehrlich. Damals war ich einfach nur wütend, heute würde ich sagen, viel tiefer geht es wohl nicht mehr.

Ohne Zweifel – diese Showtreppe schien nicht meine Erfolgsleiter zu werden!

Meine Ambitionen hatten einen gewaltigen Dämpfer erhalten. So fühlte sich also Scheitern an. Dieses Gefühl legte mich aber nicht lahm, sondern es machte mich wütend. Ich stellte mich auf meine Hinterbeine. Das sollte Ihnen im Blut liegen!

Niemand ist sofort an der Spitze.
Nicht mal dauerhaft in der Spitzengruppe.
Das Geheimnis lautet: »In Sichtweite bleiben und
den Anschluss nicht verlieren.«

Life is a marathon!

Vergeuden Sie keine Zeit! Ich verließ trotz handgreiflicher Androhungen vom Bühnenmeister vorzeitig die Show und erhielt somit auch keine Gage.

Das konnte ich verschmerzen, nein – eigentlich konnte ich es nicht –, doch viel mehr traf mich die Erkenntnis, hier wartete nichts Zielführendes.

Hier trennt sich die vielbesprochene Spreu vom Weizen. Viele sind ermüdet von den unzähligen Fettnäpfchen, den Schlaglöchern, dem Aufhören und den Reinfällen. Der große Wurf will partout nicht gelingen.

Viele denken nicht um!
Viele sind aber nicht ich.

Ich beschloss, die Sache selbst in die Hände zu nehmen. Einen Film zu drehen, wird ja nicht so schwer sein. Also führte mich mein Weg in ein alternatives Medienzentrum. Dort wurde ein Jugendfilmfestival ausgelobt und – eh klar – ich Großkotz würde den Siegerfilm dazu liefern. Danach würden Sender und Produzenten auf Knien zu mir robben und mich um meine Dienste anflehen. So lautete der Plan. Aus jetziger Perspektive wieder einmal reichlich naiv.

Kapitel 5

Ich kann Naivität wärmstens empfehlen

Vielleicht nicht in allzu hohen Dosen, aber ein Schuss hie und da kann nie schaden. Denn naiv sein bewahrt einen den Charme des Neuen, den Zauber des Beginnens, den Reiz des Tuns. Wenn ein Erbsenzähler gleich von Vornherein alles abwägt, werden viele Vorhaben gar nicht angegangen und damit Chancen vergeben, regelrecht verschleudert.

Aus (fast) allem entwickelt sich etwas.

Das muss nicht zwangsläufig der große siegreiche Triumphzug durch Rom werden, aber auch aus einem Gemetzel kann man seine Schlüsse ziehen, oftmals die lohnenden. Also trommelte ich mir hungrige Laienschauspieler zusammen. Ich brannte lichterloh. Das Drehbuch schrieb ich während des Zivildienstes. Zwei Seiten Kunst. Pause. Dann die geistig oder körperlich Behinderten waschen. Wieder Pause. Die nächsten zwei Seiten. Was soll ich sagen? Es klappte.

Ich ritt auf meiner Woge der Begeisterung und riss mein Team, mein Umfeld mit.

Wir heimsten den ersten Platz bei diesem unbedeutenden Festival ein. Doch für uns war es der Ritterschlag. Die große, weite Welt lag uns zu Füßen.

Jetzt mögen Sie sich fragen, warum ich Ihnen das erzähle.

Manchmal schließen sich Kreise, von denen Sie gar nicht wussten, dass sie existierten.

Knapp 25 Jahre später drehte ich wieder einen Spielfilm. Der Impuls schlummerte lange unbemerkt.

Und wenn ein Impuls aufflackert, sollten Sie diesem folgen. Es wäre sinnvoll, diesen Impuls zunächst auf Sinnhaftigkeit zu überprüfen. Eine Bank ausrauben oder unbekleidet als Nichtschimmer vom 10-Meter-Brett zu springen, sollten Sie bitte aussortieren.

Mein Film lief national und international. Er hat sogar in Cannes reingeschnuppert. Ich hatte es ja schon immer geahnt.

Das kann alles nicht so schwer sein. Gestatten, Großkotz.

Sich etwas zutrauen, bringt immer weiter, als sich zu misstrauen!

SOUSCRIPTION BELLEFAYE 2009
Réservez et bénéficiez de 20 % de remise
Avant le 15 mai 2009

145 €

Short Film Corner

Home | En savoir plus | Avantages | Films | S'inscrire | Réglement | Partenaires |

Film : HÄTTE ICH ZWEI LEBEN, BEIDE GEHÖRTEN DIR

Re

Titre en anglais : **BORN TOO EARLY**
Réalisateur : **Roland Winterstein**
Durée : **7 min**   Année de production : **04/2009**
Pays : **ALLEMAGNE**
Langue : **ALLEMANDE**   Catégories : **Documentaire**
Genre : **Social**
Format de tournage : **Dv**
Support de projection : **DVD**

www.wenndermondplatzt.de

Re

Acc

Logi

Passv

Synopsis: L'histoire d'un bébé de sept mois.

Générique :

Prénom	Nom	Société	Fonction
Roland	Winterstein		Réalisateur
Roland	Winterstein		Directeur de la photographie
Melanie	Schuetze		Montage
Elias	Wilhelmi		Interprète
		LEFT OF CENTRE FILMS BERLIN	Producteur
		ECHTZEIT ENTERTAINMENT HAMBURG	Co-Producteur

Contact :
Roland WINTERSTEIN
HERR
suhrsweg 10 22305 hamburg germany
arcostr. 3 10587 berlin germany
roland.winterstein@t-online.de

Production :
LEFT OF CENTRE FILMS
suhrsweg 10 22305 hamburg
roland.winterstein@t-online.de

Distribution :
LEFT OF CENTRE FILMS
suhrsweg 10 22305 hamburg germany
roland.winterstein @t-online.de

Parcours en festival :

Cannes – proof of concept!

Kapitel 6

Der Kerl, der rennt

Ausdauersport ist eine Passion, die für mich bis zum jetzigen Tag anhält. Sport kann Ihr wichtigster Verbündeter im Leben werden. Legen Sie sich einen aktiven Weggefährten zu. Sie müssen nicht zwangsläufig durch die Weltgeschichte rennen. Es existieren zahlreiche Möglichkeiten der Leibesertüchtigung – gewinnen Sie einen dieser ewigen Blutsbrüder.

Lassen Sie sich nicht von Besserwissern reinquatschen!

Obwohl Laufen in den 80ern nicht gerade als Modesport daherkam und viele diese Rennerei geringschätzig betrachten, ließ ich mich nicht abhalten. Wenn Ihnen ein massiver Mensch erklärt, das Laufen auf Asphalt ungesund sei, ist das ungefähr so glaubwürdig wie ein stark rauchender Kardiologe.

Bis heute habe ich weit über fünfzig Marathons absolviert, bin einige Male an Kilometern um diesen Planeten gerannt, verfüge über eine ewige und exklusive Startnummer beim Berlin Marathon. 1000!

Was ich kann, können zweifelsohne auch Sie! Schaffen Sie sich etwas Einzigartiges. Das nicht mit Geld aufzuwiegen ist.

BERLIN-MARATHON
Jubilee-Club

Roland
Winterstein
25. Teilnahme
45. BMW Berlin Marathon 2018

Meine ewige Startnummer!

Aber Achtung!

Versinken sie niemals in Ihrem Hobby. Lassen Sie sich von zweifelhaften Ambitionen niemals auffressen. Denn Leidenschaften sind oftmals sehr fordernd und können nicht nur Sie, sondern auch Ihr Umfeld leiden lassen.

Im Ausdauersport sprechen wir vom »Hungerast«. Wenn Ehrgeiz blind macht, stagniert der Athlet und wird überholt. Letztendlich werden Sie von objektiv schlechter trainierten Mitbewerbern aufgesammelt und trotten als Schlusslicht dem enteilten Feld hinterher. Das gilt auch abseits der Tartanbahn!

Wenn Sie es aber mit Sinn und Verstand angehen und es plötzlich mal wieder hart auf hart kommt, wird dieses tief verinnerlichte private Stück von Ihnen motivierend raunen:

»Wenn du jetzt rumheulst und stehen bleibst,
wirst du immer rumheulen
und stehen bleiben.«

Schauen wir uns in die Augen. Wollen Sie das? Wollte ich das? Nein! Also, weiter geht die Chose. Immer weiter.

Kapitel 7

Unser Autor weilt gerade in Hollywood.

Unvermutet geschah es. Das, was meistens geschieht, wenn das Fallbeil bereits sehr nahe im Nacken kratzt. Ich hatte mich verrannt und meine kühnen Attacken in der Medienlandschaft wurden schwächer und mutloser, bis sie letztendlich nichts mehr wert waren als irgendwas Zerknülltes im Abfalleimer meiner Fantasie.

Natürlich sprach ich mir weiterhin Mut zu und redete mir Dinge ein, die fernab von jeglichen Realitäten lagen. Sogar in ein »Wir melden uns bei Ihnen bei Bedarf« bewertete ich als aussichtsreiche Option und wollte die klare Botschaft »Nein« nicht wahrhaben.

Probleme und unbequeme Wahrheiten abschotten ist unverzichtbar, sonst wird man zu schnell mürbe. Gerade in der Anfangsphase müssen Sie jubilierend über heiße Kohlen stolzieren – auch wenn es wehtut. Weitergehen.

**»Das Leben ist niemals wegen der Umstände
unerträglich, sondern nur,
weil es ihm an Bedeutung und Sinn fehlt.«
(Viktor Frankl, 1905–1997)**

Ich möchte diesen weisen Worten **die Willenskraft** hinzufügen. Da ich in diesem Buch bereits von meinem unermüdlichen »gegen die Tür rennen« geschrieben habe, ist es wichtig, zu wissen, dass wir niemals wissen, wie weit wir diese Tür bereits aus den Angeln gehoben haben.

Vielleicht ein paar Stöße, nur einige Versuche mehr und die restlichen Zentimeter wären geschafft. Manchmal benötigt man ein letztes Aufbäumen und dennoch halten viele vor der entscheidenden Attacke inne. Ich finde, ab einem bestimmten Grad von Energieaufwand und Einsatzbereitschaft, ist Dranbleiben einfach Pflicht, weil der Weg zurück länger ist als der nach vorn. Umdrehen wäre schlichtweg kontraproduktiv – oder einfacher gesagt dumm.

Der Anruf, der alles veränderte.

»Da hat jemand vom Fernsehen angerufen.«

Ich war wie elektrisiert. War dies die letzte Chance, die allerorts propagiert wurde? Die zum idealen Zeitpunkt? Die kommt, wenn alles verloren scheint?

Ich rief umgehend ohne Vorbereitung (Anfängerfehler!) zurück und erhielt trotz stark verbesserungswürdiger Konversation meinerseits den ersehnten Termin für ein Vorstellungsgespräch.

Die erste Hürde war übersprungen – nein, überflogen.

Es ging nach München, die damalige Hauptstadt der Medienbranche. Das Kirch Imperium und viele andere private Sender expandierten, und ich war drauf und dran, mit am Tisch zu sitzen. Ich wollte keine Krümel zum Kaffee, sondern ein großes Stück vom Kuchen. Ich wusste, ich musste gut sein. Eindruck hinterlassen zählt.

Zählt immer!

Wenn sich Ihnen eine Chance offenbart, dürfen Sie diese nicht vertrödeln. Dann müssen Sie liefern.

Ich musste liefern!

Seien Sie stets bereit. Schaffen Sie sich ein Grundgerüst an, das Ihre Performance, Ihre anvisierten Ziele und machbaren Optionen betrifft. Sie wissen nie, wann Sie an der Reihe sind. Nur, wenn Sie es einmal sind, stolpern Sie bitte niemals mangels suboptimaler Darstellung von der Bühnenkante. Das ist überflüssig und ärgerlich. Wenn ein Rettungsring geflogen kommt, und Rettungsringe fliegen nicht oft durch die Gegend, sollten Sie zugreifen, mit allem, was Sie haben, und nicht damit beschäftigt sein, Ihre Haare zu richten oder sich über die Farbe des Rettungsrings zu mokieren.

Ein »Hätte, Wenn und Aber« bringt Sie nicht in die Chefetagen.

Ich gab alles und war mit mir zufrieden, dennoch erhielt ich eine Absage. Ich sank zusammen. Meine Welt, ein großer Scherbenhaufen. Alles schien sich gegen mich verschworen zu haben. Wie konnten die mich nur ablehnen? Mich, den gottgleichen Medienmacher? Den Könner auf allen Gebieten? Das Multitalent?

Jetzt kommt etwas ungemein Entscheidendes.

Wenn Sie wirklich top sind, wenn Sie brennen, wird der Gegenüber das nicht außer Acht lassen und Sie nicht ziehen lassen. Er wird sich Ihr Gesicht merken!

Es gibt immer eine zweite Möglichkeit!
Eine Alternative!
Den Weg durch die Küche, den Keller
oder über das Dach.

Man teilte mir zu meiner Überraschung einige Tage später mit, dass es da noch eine Idee gäbe, mit mir ins Geschäft zu kommen. Die betreffende Person dazu weile aber gerade in Hollywood und würde sich melden. Ich war baff. Sollte mich demnächst jemand aus dem Land der unbegrenzten Möglichkeiten anrufen?

Wir lachen noch heute darüber. Der Verantwortliche von einst, heute ein Freund von mir, machte lediglich Urlaub in Übersee.

Ich durfte mir bald meine ersten Sporen
als Fernsehschaffender verdienen.

Das kalte Wasser wartete. Eben noch als Pseudostudent mit Nebenjobs unterwegs und nun mitten drinnen im Showgeschäft. Es ist für mich bis heute beeindruckend, wie minimal die Schritte ins Gelingen manchmal anmuten. Wie schnell sich alles dreht, was sich vorher gefühlte Jahrzehnte nie bewegte! Vergessen Sie das niemals, wenn Sie gerade auf dem Brückengeländer in die Tiefe blicken.

Es zahlt sich immer aus, wenn Sie bei einem Projekt von Anfang an mit dabei sind. Ich war freier Redakteur und Autor bei Tele 5/Kabelkanal München im Kinderprogramm. Die Welt verfärbte sich rosarot. Ein Rausch

wie der erste Kuss. Ein Schweben und Leuchten. Ich saß
erleuchtet und selbstverliebt im Olymp meines Egos.

Mein erstes Baby!
Yeah!
Über 350 tägliche Sendungen sollten folgen!

Stellen Sie in den guten Zeiten niemals auf stumm, fahren
Sie niemals, aber auch wirklich niemals – insbesondere,
wenn es rund läuft – Ihre Antennen ein. Ich tat dies in
meinem jugendlichen Übermut und übersah deutliche
Anzeichen. Dafür wurde mir kurz darauf die Quittung
auf den Tisch geknallt.

Vier Wochen später erhielt ich erneut einen Anruf.
»Bitte stell deine Rechnung. Es eilt. Wir machen dicht.
Das gesamte Team wechselt zu RTL 2 zu einem neuen
lukrativeren Format ... (Pause) ... du bist leider nicht mit
dabei!«

So ging ich mit meinem ersten Engagement baden.

Die Vorstellung von wildfremden Menschen mit den Sätzen: »Entschuldigung, sind Sie nicht der Macher von …?« »Kennen wir Sie nicht …?« angesprochen zu werden, fiel klatschend ins Wasser.

Alles aus und vorbei, bevor es richtig angefangen hatte?

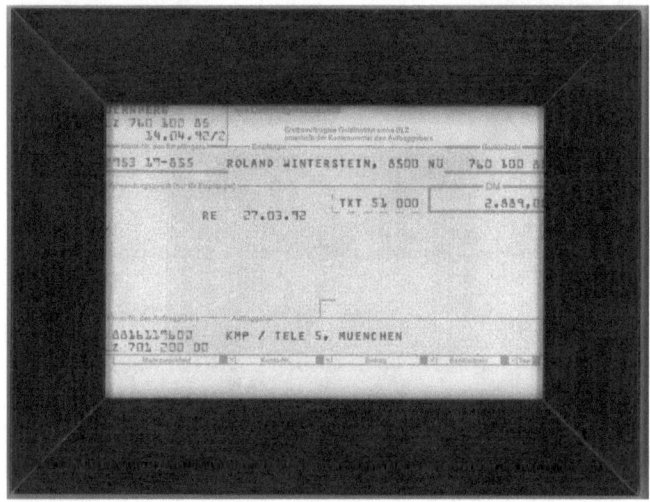

Der erste und letzte Scheck?

Kapitel 8

Es gibt keine Leidenschaft ohne Kampf!

Das wusste bereits Albert Camus. Hier könnte die Geschichte nun zu Ende sein, das epochale Werk eher ein schmales Büchlein. Ich schien plattgemacht. Erledigt. Ausgeknockt am Boden und angezählt. Doch ich weigerte mich nicht, das zu tun, was ich noch tun konnte. Was jeder tun kann. Auch wenn Apollo Creed dich niedergestreckt hat. Weitermachen! Trauen Sie sich das auch zu?

Kennen Sie diese Mär von jenem Lichtlein, das von irgendwoher kommt, wenn Sie resignieren möchten? Ich spreche nicht von einem lapidaren »Hat eben mal was nicht geklappt«. Wir reden an dieser Stelle von Totalaufgabe und Waffen strecken. Sich auf den Rücken legen und der Niederlage die Kehle anbieten.

Dieses von mir oftmals verlachte Lichtlein, jenes sagenumwobene Leuchtfeuer, an das sich meiner Meinung nach nur Fantasten klammerten, existiert!

Und dann kam alles anders als gedacht ... ganz anders ...

Der zweite Scheck, sechsstellig.

Reingelegt. Wenn Sie angesichts der reißerischen Headline vermuteten, nun geht es um die ganz dicke Kohle, haben Sie den Landeplatz fürs gute Leben und auch noch mindestens den Platz daneben verpasst. Es werden anfangs keine Goldtaler vom Himmel auf sie herabregnen. Vergessen Sie dieses oftmals herangezogene Bild – seine Wahrscheinlichkeit nähert sich tendenziell der Null an.

Spinnen Sie sich einen goldenen Geduldsfaden!

Denn es wird sich hinziehen, bis sich für Sie alles klar geregelt hat, auf der Jagd nach dem goldenen Coup. Und bitte – verneinen Sie das nicht, mit dem Hinweis, dass die Finanzen nicht alles seien und es doch entschieden wichtigere Werte im Leben gäbe und die absoluten Highlights im Dasein ohnehin gratis seien.

Ja, womöglich richtig, aber haben Sie schon einmal darüber nachgedacht, dass ausgerechnet immer die, die am wenigstens oder am meistens haben, die Floskel »Geld mache nicht glücklich« verwenden?

Eines ist doch unumstritten, wenn Sie in unserer westlich kapitalistisch geprägten Hemisphäre weilen, ist ein praller Geldbeutel einfach wesentlich angenehmer, als permanent klamm den Dispo auszureizen und Lastschriftaufträge unter 10 Euro wegen mangelnder Deckung zurückzubekommen. Ich möchte hier keine Grundsatzdiskussion über Bares anzetteln, aber einigen wir uns auf einen passablen Grundstock an monetärer Ausstattung, den jeder individuell für sich beziffern sollte. Ich weiß nicht, wie es Ihnen geht, aber ich bin lieber in einem schicken Cabrio traurig, als in einem öffentlichen, schlecht durchlüfteten und wieder mal reichlich verspäteten Bus.

Wo waren wir stehengeblieben? Was wollte ich Ihnen über das Geldverdienen erzählen? Ich denke, viel Geld in frühreifem Alter stellt eine immense Herausforderung für den Betreffenden dar. Wer dieses zweifelsohne süße Los als Twen teilt, wird sich wohl oder übel in die Niederungen sämtlicher (überflüssiger) Lasterhöllen begeben.

Sie sind plötzlich nicht jung und brauchen das Geld? Nein, Sie besitzen es!

Ich werde Sie leider nicht zurückhalten können, denn ich habe es auch getan. Wenn plötzlich die Suite im Hotel mit dem besten Champagner der Stadt in Reichweite liegt, der Erwerb eines Sportwagens nur noch eine läppische Nebensächlichkeit darstellt und die Frauen langsam, aber sicher Schlange stehen, ist es verdammt schwer, kühlen Kopf zu behalten. Ich hatte Ihnen zwar ins Ohr geflüstert, dass es eine Weile mit dem Reichtum dauern wird, aber Sie sollten niemals die Ausnahmen der Regel außer Betracht lassen. Ich war eine und Sie sollten auch eine werden. Ja, dies klingt wie Modewerbung für Größe 36. Hat fast niemand und trotzdem wird es als Traumziel ausgegeben.

Doch bei Ihnen steht gerade eine Autoreparatur an oder der Kühlschrank tropft und Sie wissen nicht, wo die 1000 Euro Reparaturkosten herkommen sollen.

Sagen wir es mal so, die Wunde, aus der Sie bluten, kenne ich gut – aber Blut gerinnt und Narben verheilen.

Es bedarf lediglich einiger Stellschrauben, an denen Sie hantieren sollten und schon surrt Ihr Aufzug nach oben. Leider steht im Kleingedruckten, das Sie immer lesen sollten, dass diese verflixt wichtigen Schräubchen von Ihnen selbst zu fertigen sind. Sie sollten auch in der Lage sein, sie an den richtigen Stellen anzubringen und die Dinger müssten, im allerbesten Falle, ganz am Ende Ihrer Leistung auch noch funktionieren. Denn es geht immer um das **Wie**, aber auch um das **Was**!

Das Wie können Ihnen viele verklickern. Entscheidend ist, was Sie umsetzen. Was Ihnen gelingt. Was Sie tun. Und wie lange Sie es tun!

Der Inhalt ist wichtiger als die Hülle!

Kapitel 9

TRUST PASSION DESIRE

O hne diese drei Begriffe wird es keinen Duft nach einem Sommerregen geben. Wenn Sie aber nur das eine oder andere mitreißende Gefühl in sich tragen, wird Ihr Boot zwar langsam dahinschaukeln, aber trotzdem sinken, weil von allen Seiten Wasser eindringen wird.

Stärkere werden kommen, Klügere, Glücklichere. So what? Ihr Gejammer wird niemanden interessieren. Keiner wird mit großspurigem Heldengetue heranrauschen und Sie retten. Nur die Haie werden kommen.

Denn an die dicken Töpfe wollen Sie nicht allein – das sollten Sie stets im Hinterkopf bewahren. Auch wenn Sie Ihre Mitbewerber oder sagen wir besser Gegner dazu, nicht sehen – sie sind da. Ganz nah. Also seien Sie wachsam. Seien Sie fleißig. Seien Sie unermüdlich. Seien Sie hungrig. Und wild!

»Homo homini lupus, non homo,
quom qualis sit non evit.«
Ein Wolf ist der Mensch dem Menschen,
kein Mensch, solange er nicht weiß, welcher Art
der andere ist!

TRUST PASSION DESIRE

Es wird gelingen. Glauben Sie einem, der mit seinem klapprigen Drahtesel zu einem blauen Briefkasten der deutschen Post radelte. Heutzutage sind diese Dinger lange abgeschafft. In die blauen Briefkästen warf man einst nur die Überweisungen und Schecks.

Ich radelte quer durch meine fränkische Heimatstadt. Oft. Sehr oft. Und ich hatte immer einen Scheck dabei. Einen Scheck mit sehr vielen Zahlen. Sechsstellig. Für mich unvorstellbare hohe Summen. Auch wenn die ersten Einkünfte bescheiden sind, denken Sie nicht minimal. Niemals. Machen Sie nicht andere nach, in der Hoffnung, dass es niemandem auffällt. Wenn Ihr Leben nicht mitwächst, verlassen Sie es, denn sonst sind Sie nur der oder die peinliche Figur, die nicht die Kurve bekommen hat.

TRUST PASSION DESIRE

Ich ahnte ja nicht, was zukünftig noch auf mich zurollte. Sie können niemals ahnen, was die Weltgeschichte noch mit Ihnen vorhat. Wenn Sie gerade mangels Kühlschrank die Lebensmittel auf den schattigen Balkon raustellen müssen. Zeiten ändern sich! Aber das geht nur mit ... Sie ahnen es bereits:

TRUST PASSION DESIRE

Natürlich mag der eine oder andere unter Ihnen nun bereits über Beschwerdeschreiben an mich nachdenken, weil ich Ihnen keinen Masterplan zur, ich liebe diese fade Phrase, zur »finanziellen Freiheit« liefere. Dies hat einen guten wie triftigen Grund. Er existiert einfach nicht. Da können Sie noch und nöcher Ihre Morgenroutine ausweiten, den Fokus schärfen und was weiß ich sonst was tun.

Sparen Sie sich diese vergeblichen Liebesmühen. Dies ist meiner Meinung nach genauso ergiebig, wie sich mit einem Klappstühlchen vor irgendeine Villa in einem schicken Nobelvorort zu setzen und darauf zu warten, dass irgendjemand Sie hineinbittet – ausgenommen Sie konzentrieren sich auf Gartenarbeit oder Handwerkerdienste. Noch einmal! Es wird niemand kommen, Sie zu retten – außer die Haie.

Der Schlüssel zu meinem Erfolg, zu Ihrem Erfolg und höchstwahrscheinlich zu jedem größeren Schritt nach vorn, liegt in meiner Wahrnehmung im Abwarten.

Seien Sie der Greifvogel, der erst dann losflattert, wenn es wirklich Sinn ergibt. Natürlich gibt es immer Menschen, die ihre Existenz auf die Wahrscheinlichkeit von Zahlen aufbauen. Frei nach dem Motto: Schreibe ich tausend Bewerbungen, muss einfach eine Zusage zurückkommen. So einer war ich auch mal. Quatsche ich unzählige Entscheidungsträger an, muss sich einer für mich entscheiden. Klopfe ich an tausend Türen, öffnet sich eine.

Ja, ich bin ein Freund von Beharrlichkeit und schließe jeden Stoiker in mein Herz, aber das Tun muss mit Sinn, Bedacht und Timing erfolgen.

Timing entscheidet so viel im Leben. Wohlgemerkt – gutes wie schlechtes Timing.

Erst Timing, dann Taler, dann Freizeit!

Bei mir hat es Jahre, Jahrzehnte gedauert, bis alle Säcke zugebunden waren. Solch ein langer Zeitraum voller Rückschläge, voller Ablehnungen und zu Boden gehen, kann an Ihnen zerren und **verflucht lang** werden. Sind Sie zu so einer Leistung bereit?

Warum nicht? Sie stehen auch im Schnitt zwei Jahre Ihres Lebens an der roten Ampel. Wollen Sie in der Schublade, in die man sie gesteckt hat, verharren? Ich wollte das nie. Ich wollte den ganzen Schrank! Ein ganzes Haus voller Schränke!

Werden Sie sich bitte vorher darüber klar, ob Sie das auch aushalten. Es bedarf einer einwandfreien Fischhaut, an der sehr vieles abperlen muss, bis Sie mit gedeckten Schecks unterwegs sind.

Eines darf ich Ihnen flüstern – das Druckgeräusch des Kontoauszugsautomaten, der Ihre Belege endlich mal nicht im Minus auswirft, klingt plötzlich schöner als jede Sinfonie.

Noch viel mehr zählt jenes Gefühl, das von Ihren Zehenspitzen bis nach oben in die letzte Hirnwinde zieht. Sie fühlen, dass Sie sich erhoben haben und der Gipfel zu Ihrem persönlichen Glück nicht mehr unerreichbar scheint. Sie spüren, dass Sie wachsen. Auf einmal ist viel mehr drin, alles möglich. Dafür lohnt die ganze Mühe, die Sie hineingesteckt haben. Es wird sich etwas in Ihnen ausbreiten, das Sie immer nur bei anderen sahen oder spürten. Entspannung und tiefe Zufriedenheit. Das leise Lächeln tief in Ihrem Herzen sehen nur Sie!

Wer den besten Sänger der Stadt an seinem Tisch im Restaurant stehen haben möchte, muss ihn auch bezahlen können.

Es liegt Ihnen frei, wie Sie sich entscheiden!

Viele Menschen leisten sich eine Hochglanzküche, meist hochpreisig wie ein Mittelklassewagen, und kochen darin nicht, weil Sie diese nicht verschmutzen wollen. Die

Küche ist aber seit ewigen Zeiten ein Ort des Drecks, der Arbeit, Fettflecken und Krümel in den Ecken. Und letztendlich auch der Raum, in dem Sie genießen können. So sollten Sie auch Ihren Weg zu den Sternen betrachten. Nur lässig an einem Molteni Herd anderer lehnen, wird Sie nicht wesentlich weiterbringen. Sie sollten schon rasch schnippeln, der Schweiß muss rinnen und es könnte gut möglich sein, dass auch die eine oder andere Fingerkuppe mal blutet.

Anfängerfehler de luxe!

Weiterhin gilt:

TRUST PASSION DESIRE

Es muss bei Ihnen, trotz meines wunderbaren Buchtitels, nicht gleich mit Vollgas losgehen. Es geht immer was! Auch im schäbigsten Viertel der Stadt! Da gelten für mich keine Ausreden.

Alles beginnt
– o Wunder –
mit dem Machen!

Wie dieses Tun für Sie aussieht – Ihr Ding! Ich bin weder Ihre Hebamme noch Ihr Guru! Sie haben immer die Wahl. Wir alle haben tagtäglich die Wahl. Egal, wo und in welchem Zustand wir uns gerade befinden. Vom Glück geküsst oder von der Niederlagenserie hartnäckig verfolgt. Sie haben immer die Wahl, voranzugehen. Die ganz Geübten lächeln schlechte Phasen einfach weg, andere verbergen die miesen Zeiten am Katzentisch und die ganz Frechen überspielen einfach alle Hindernisse. Es bleibt Fakt. Solange Sie Ihre Wahl nicht getroffen haben, und ich spreche hier von einer aufrichtigen, endgültigen und ultimativen Wahl, wird es nichts mit Ihnen als schwebendes Menschenkind. Dann bleibt es beim fahlen Gesicht in der Menge. Beim Einreihen in die Herde, gepaart mit Biedermeier, Katzenjammer und Tristesse. Auch das geht in Ordnung, wenn es für Sie in Ordnung geht! Wenn nicht, gilt:

Legen Sie Ihren Aschenputtelkomplex beiseite!
Jetzt und bitte für immer!

Auf welcher Seite wollen Sie im sonnigen Süden sitzen? Dort, wo die Jachten festgelegt haben und Sie darauf barfuß flanieren? Oder auf der gegenüberliegenden Seite in den überteuerten Lokalen, wo Sie Eis essen und zu denen aufsehen, die auf Sie runtersehen? Und bitte – kriegen Sie das jetzt nicht in den falschen Hals.

big things coming with big thinking

Aber dies abwehren und nun sagen, was soll ich bitte schön in Cannes oder in New York oder sonst wo? Wieso soll solch ein dekadenter Lebensstil der Maßstab für mein Leben sein? Das war nicht meine Intuition! Es sollte als Metapher gelten, wohin Sie wollen und wo Sie stehen möchten! Ob Sie zu denen gehören wollen, die das Eis schlecken oder es produzieren? Es ziemt sich für mich nicht, über Ihren Weg zu richten. Das ist schon Ihre Aufgabe. Denn für was sonst verbrauchen Sie auf diesem Planeten eigentlich Ihre Luft? Darüber, dass die Batterien in der Fernbedienung leer sind? Lassen Sie sich also etwas Besseres einfallen.

Es wird immer etwas geben, das Ihre Situation ins Wanken bringt. Wenigstens ein wenig. Gute Ideen sind alles! Kratzen Sie die letzten Kröten zusammen und gehen ins Spielcasino – keine Angst, die Krawatte leiht Ihnen das Haus, falls Ihnen die notwendige Garderobe fehlt. Setzen Sie alles auf Ihre Farbe und schon ist ein kleiner Grundstock für mehr geschaffen. Warum nicht? Das Glück lehnt sich nur an die, die es auch herausfordern. Übrigens, das mit dem Casino war erneut nur eine Metapher. Das Leben ist auf Glücksritterniveau manchmal ganz schön heftig unterwegs. Da sind Sie unweigerlich gezwungen, sich das eine oder andere etwas schöner zu malen oder zu reden. »Fake it, before you make it« ist jedoch reiner Schwachsinn von Schwachmaten.

Es wird so kommen! Früher oder später!

Merken Sie etwas? Sie müssen sich breit aufstellen. Nur brav von einer Stelle zur anderen rotieren – böse Münder nennen so etwas auch »dackeln« – nützt nichts. Seien Sie frech, dreist und wenn Sie den Bogen überspannt haben, entschuldigen Sie sich nachher aufrichtig.

Wichtig ist es, dass Sie zu ein wenig Startkapital kommen. Mit komplett leeren Taschen wird es schwer werden – zu dieser Einsicht braucht es kein Abitur! Jetzt ist Gras fressen angesagt. Wischen Sie Ihre Phase des Verharrens beiseite. Loslegen besitzt für mich den Charme eines wundervollen Ziel- und Zeitbezugs. Es ist ein Streben im Modus des Noch-nichts-Geschafft, aber Wird-schon-Werden. Verharren war noch nie meine typische Existenzweise. Leute, die etwas erreichen möchten, warten nicht, die machen Termine, arbeiten an Projekten und schaffen sich Vorsätze. Wenigstens eines von diesen Dingen ist immer machbar. Doch schon flattern sie heran, die Ablenkungsmanöver und Ausreden (siehe nächstes Kapitel).

Die anderen Sachen wie grüner selbstgepflückter Tee, Meditationskissen, Sushi, sich pflegen, Klangschalenmassage auf Bali oder im 80sten Stock eines Wolkenkratzers im mittleren Osten in sich hineinhorchen, Joggen auf leeren Magen zwecks der Fettverbrennung, Morgenroutine und den anderen gut situierten Schnickschnack dürfen Sie sich später hingeben – für spirituellen Hefeteig ist jetzt wirklich keine Zeit.

Der Weg nach oben, wo dieses »Oben« für Sie auch liegen mag oder wie es aussieht, sich anfühlt, wird mit Sicherheit kein angenehmer Strandspaziergang im Sonnenuntergang mit Partnerin im Arm und Hund (oder wahlweise Kind oder beides), der voranläuft.

Mein Café am Ende der Welt.
Wo liegt Ihres?

Kapitel 10

Unmöglich, Ausrede folgt!

Ausreden haben einen schlechten Ruf! Zu Recht! Denn ständiges Herumlavieren ist ein gefährliches Schmiermittel, das den durchgesessenen Platz auf der Couch sichert. Reines Gift. Gift für mehr. Für mehr tun. Für mehr wollen. Für mehr erreichen. Für mehr an allem, was erfülltes Leben ausmacht. Es kann doch keine Lösung sein, anderen dauernd nur vom Spielfeldrand zuzusehen. Beenden Sie das Wegducken. Dieses ständige Vermeiden von Konflikten und unangenehmen Situationen.

Wenn Sie sich fühlen möchten, benutzen Sie bitte die Buckelpiste. Den Idiotenhügel hinunterzurutschen, ist nicht abendfüllend.

Klar ist es leicht, sich immer in den kuscheligen Deckmantel der Bequemlichkeit zu hüllen. Auch ich besitze dieses törichte Rückzugsgebiet. Aber irgendwann sollte Ihnen auffallen, dass es darunter dunkel, stickig und gleichförmig ist. Es wird Ihnen früher oder später die Luft ausgehen, das garantiere ich Ihnen. Diese überteuerte Rechnung wird nicht aufgehen. Wittern Sie das denn nicht? Sie befinden sich auf der völlig falschen Fährte. Denn eines sollten Ihnen auf Ihrem neuen Weg zu was auch immer glasklar sein. Mit minimalinvasiven Eingriffen in Ihr Handeln wird es eben minimal bleiben.

**Minimal sollte kein Maßstab sein. Niemals,
für nichts und nirgendwo.**

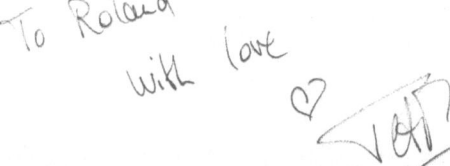

theater echtzeit
das langsame verschwinden der augenblicke
roland winterstein

uraufführung: donnerstag, 17. märz 2005, 21h
spielort: torstraße 203 (neben *white trash*), 10115 berlin (mitte)
ensemble: emily kraus, silke roca, peter g. dirmeier, stefan schmidt
foto: miriam krohne

Ein engagiertes Umfeld pusht!

Wir besitzen nur einen Anfang und ein Ende. Das dazwischen ist Ihre Angelegenheit. Sie können diese übernehmen oder einfach geschehen lassen. Leben passiert niemals einfach nur so. Wenige Menschen wollen nicht freiwillig unter Druck geraten, diesen spüren oder gar aushalten. So beginnt die Selbstlüge des Alltagstrotts. Sie können dem äußeren Druck entgehen, aber tief in Ihnen selbst fühlen Sie den inneren Widerstand. Das etwas nicht rund läuft. Das etwas in die verkehrte Richtung geht. Sie haben es auf dem Schirm, aber die Ausrede hilft. Doch Sie ahnen es womöglich bereits, sonst würden Sie nicht dieses Buch in den Händen halten und sich bis hierher zu Gemüte geführt haben.

Sie hegen den Verdacht, dass Ihr aktueller Plan nicht der zielführende ist. Ich bin der Allerletzte, der ungute Realitäten ausblendet und diese einer vorgeschobenen Harmonie opfert. Aber Harmonie ist die einfältige Schwester vom »Everybody's Darling« und der ist eben immer nur der Handlanger für die anderen. Und Zuarbeiter schaffen es nur relativ selten in den Olymp des Erfolgs, des Glücks und der inneren Zufriedenheit.

Steigbügelhalter für andere zu sein, kann eine Lebensaufgabe sein. Trittbrettfahrer ebenso. Jammerlappen wird auch immer gern als Vollzeitarbeitsplatz genommen. Miesepeter, Kleingeister, Erbsenzähler und all die anderen Vasallen der amorphen Massenuntauglichkeit.

Da wollen Sie weg?

Niemand wird Sie unterhaken und in eine Ausgangsposition schleppen, in der Sie relativ unabhängig agieren können. Ich könnte es ja hübscher verpacken, aber das Eis unter Ihnen wird knirschen. Stampfen Sie trotzdem los.

Risse werden sich auftun. Löcher, Untiefen und der Rest, der sich »Steine im Weg« schimpft.

EIN LÄCHELN VERGANGENER TAGE

Komödie von Roland Winterstein

Peter G. Dirmeier
Paul Bertram

Silke Roca
Inszenierung

echtzeit entertainment
Produktion

Nach *Von beteuerten Gefühlen und anderer Kälte* (UA in Duisburg 2004),
Das langsame Verschwinden der Augenblicke (UA in Berlin 2005),
Wenn der Mond platzt (Film 2006) ist *Ein Lächeln vergangener Tage*
die konsequente Fortsetzung der Zusammenarbeit zwischen
echtzeit entertainment und dem Autor Roland Winterstein.

Lieber Roland, als sich unsere Wege im Herbst 1992 in Ismaning (Bayern)
zum ersten Mal trafen, war uns wohl noch nicht klar,
daß unsere „Geschäftsbeziehung" fast zwei Jahrzehnte halten würde.
Längst ist daraus Freundschaft entstanden, die uns durch ganz
Deutschland begleitet hat. Im TV- und Theatergeschäft gibt es eigentlich
kaum *Freunde*, geschweige denn *langjährige Freunde*.
Wir haben es geschafft, in dem Zirkus, der uns umgibt,
auch ein eigenes kleines Zelt aufzustellen, in dem wir sein können.
Ich bin stolz auf dieses Bauwerk... und dafür, daß ich die Stimme
Deiner Texte sein darf! Danke. Peter G. Dirmeier
(zur Uraufführung am 17. Juli 2010 im *echtzeit studio* Hamburg)

Alles egal! Erweitern Sie Ihren Handlungsspielraum mit einer Kehrtwendung nach vorn! Und dieses »vorn« schreiben Sie sich als imaginäre Neonleuchtschrift vor die Augen und lassen es bitte 24 Stunden leuchten.

Schmelzen Sie alle vorgefertigten Ausreden ein oder noch besser: Versenken Sie diese an der tiefsten Stelle eines Sees. Tun Sie es bitte rasch! Rasch bedeutet heute und nicht morgen. Jetzt!

Das Leben entschuldigt viel,
aber keine Normalität
und kein Wegducken!

Feiertage unter Palmen. Unnormal? Nö!

Kapitel 11

Ziemlich beste Freude – das Finanzamt und Sie.

Sollten Sie sich nun ein neues mentales und körperliches Rüstzeug für Ihren Aufstieg zum persönlichen Gipfel zugelegt haben und sich in der glücklichen Lage befinden, zu den Auserwählten zu gehören, die nicht nur zu neuen Ufern aufbrachen, sondern diese wie auch immer auch lebend erreichten, werden Sie, wie ich plötzlich, mit der ja bereits geschilderten Tatsache konfrontiert, mehr Möglichkeiten zu besitzen als vorher, im allerbesten Falle sogar viel mehr Vermögen für sich in Anspruch nehmen zu dürfen als 90 % der Bevölkerung hierzulande. Ich möchte Ihnen gern dazu gratulieren, obwohl ich ein wenig Wasser in den Wein tröpfeln muss. Meistens ist der erste neue Job, die erste Veränderung in Ihrem Leben, beruflich, örtlich oder womöglich auch partnerschaftlich zunächst mit Investitionen verbunden – und das Gefühl, in einen Eimer mit Loch zu wirtschaften, wird Sie in den Stunden zwischen vier oder fünf Uhr morgens unruhig schlafen lassen. Wenn Fortuna Ihnen gleich am Start Ihres neuen Daseins wirtschaftlich freundlich gesonnen war, umso besser. Nur vergessen Sie bitte folgenden Satz niemals:

Alles, was Sie an Entgelt bekommen, gehört beinahe zur Hälfte dem Fiskus!

Diesen Stolperstein übersehen so viele, leider auch ich. Hätte ich mir bloß einen fähigen Steuerberater gesucht, nicht irgendeinen – handeln Sie hier nur auf Empfehlung. Die Kanzlei um die Ecke muss nicht die beste für Sie sein, nur weil die Wege kurz und bequem scheinen. Ich hatte irgendwann das Glück, einen Steuerberater zu erhaschen, der damals wie ich am Anfang seiner Karriere stand – und es ist nicht nur an dieser Stelle gut, mit jemandem einen langen gemeinsamen Weg zu gehen. Heute besitzt er eine der namhaftesten Kanzleien im Süden der Republik und eigentlich berät er überwiegend Konzerne und andere unüberschaubare Firmenimperien. Freischaffende Künstler wie ich gehören nicht zu seiner Klientel, doch als langjähriger Weggefährte teilt er mich als »Freund« dem engeren Zirkel zu. Ich kann das nur anraten. Installieren Sie an den prägnantesten Stellen immer Vertraute, die auch wirklich Vertraute sind, und nicht nur so tun, weil Sie Ihnen Rechnungen stellen können.

Kehren wir zurück zu den Freunden von Finanzamt. Auch der fähigste und Ihnen freundschaftlich verbundene Steuerberater wird es nicht verhindern können, das Steuern zu zahlen sind. Es sei denn, Sie entscheiden sich gleich von vorneweg für irgendwelche Steuermodelle, in denen Sie nur eine bestimmte Anzahl von Tagen in Deutschland weilen dürfen oder was es eben dann noch auf der Skala der gedehnten und legalen Steuertricks gibt.

Legal ist nicht immer legitim!

Das müssen Sie für sich entscheiden und hängt sicherlich auch von anderen Dingen ab wie Partnerschaft, Kindern und sonstigen mobilen Einschränkungen. Ich möchte Ihnen das nicht verbieten und auch nicht darüber urteilen, ob es sich lohnt (Achtung: Übertreibung) in irgendeinem Eck der Weltgeschichte zu leben, um fünfstellige oder vierstellige Summen an Steuern zu sparen. Denken Sie gut darüber nach. Ja, das Finanzamt ist ein gefräßiges Monster. Wenn Sie wirklich absehen können, dass Sie langfristig gutes Geld verdienen, sind Überlegungen wirklich angebracht – denn es macht einen gewaltigen Unterschied pro anno fünfstellig und mehr zu sparen. Ich möchte allerdings betonen, dass ich eigentlich gern Steuern zahle. Nur mit dem Wieviel gehe ich nicht d'accord.

Sie haben nun also endlich Schotter auf der hohen Kante und dieser lechzt danach, ausgegeben zu werden. Nicht umsonst suggeriert uns die Werbebranche, was wir alles an Gelüsten nötig haben und wirklich brauchen. Denn ein zufriedener, satter Mensch in einem kapitalistischen System ist das Letzte, was gebraucht wird. Auch ich fiel herein und die Autos, Uhren und all der andere schnöde, schöne Kram wurden eingekauft. Ich wollte mich beschenken. Belohnen Sie auch sich. Gerade zu Beginn Ihrer hoffentlich steilen Karriere, ist das niemanden vorzuwerfen. Im besten Falle beglücken Sie auch noch andere.

Kapitel 12

Knapp die Hälfte gehört uns!

Emojis mit dicken Oberarmen werden Ihnen beim Lesen Ihres Steuerbescheids wenig helfen – jetzt zählen nur Vorschriften und das Einhalten der Vorschriften. Deshalb müssen Sie immer Reserven besitzen, um den hereinflatternden Nachzahlungen, Vorauszahlungen und, und, und Rechnung zu tragen. Denn das Finanzamt berechnet oftmals gleich anhand eines guten Jahres, die nächsten guten Jahre im Voraus und dafür müssen Sie auch blechen. Sie haben dann sehr rasch einen Betrag nahe der wirtschaftlichen Selbstzerstörung zu berappen, obwohl Sie gar nicht so üppig verdienen. Nun bringt Ihnen die Chopard am Arm auch wenig, außer den Gang zum Pfandhaus. Das wäre dann wieder die B-Ebene Ihres Lebens. B ist für mich keine Option!

Ich möchte Ihnen, obwohl ich es vermutlich tue, keine unnötigen Schwänke aus meinem Leben erzählen. Doch hier kommt der gut gemeinte Rat von mir, intern auch Mr. Stundung genannt. Halb nackt mit völlig unbekleideten Frauen oder Männern auf Partys oder Jachten, dieses Szenario müssen Sie sich noch ein langes Weilchen aufsparen, sorry. Einmal im Leben im richtigen Moment alles richtig machen, genügt leider nicht. Weder Ihnen noch dem Bundesministerium für Finanzen. Sie sollten Ihre wie auch immer gearteten Erfolge stabilisieren, wiederholen oder zumindest auf dem annähernd identischen Level halten. So legen Sie sich ausreichend – wären wir wieder bei meiner verhassten Lieblingsphrase – »finanzielle Freiheiten« an, um auch dem strengsten Steuerbeamten auf längere Sicht ein Schnippchen zu schlagen. Die Sache mit den Jachten heben Sie sich einfach für die goldenen Zeiten auf. Bekanntlich ist ja die Vorfreude im Leben die schönste Freude!

```
ROLAND WINTERSTEIN                                    BfG·BankAG
                                                       Kontoauszug
                                                                        ,R.
                              POSTFACH 9130
                                              -,°°°111
                              TELEFON (0911) ∟∟∟∟ .

                              01.09.94  010                        --
                              Datum     Auszug   Blatt  Postvermerk
                              ABRECHNUNG
                              - '' '
                                                                  EINLAGE
                                                    Tag der              Betrag
Nr.    Buchungsanlaß    Verwendungszweck/Auftraggeber  Wertstellung   zu Ihren Lasten — S
                                                                      zu Ihren Gunsten — H
7601                ALTER SALDO VOM 28.07.94                   237.446,76 H
WIR ZAHLTEN IHNEN ZURUECK                    J4                 35.000,00 S
                                                                 (150,79)
ZINSEN SIND EINKOMMENSTEUERPFLICHTIG
ZINSZAHLUNG VORBEHALTLICH ETWAIGER ZINSABSCHLAGSTEUER
WIR ZAHLTEN IHNEN ZURUECK GE-NR 94284854 VAL 01.09.94          10.000,00 S
                          IF                                      (44,39)
ZINSEN SIND EINKOMMENSTEUERPFLICHTIG
ZINSZAHLUNG VORBEHALTLICH ETWAIGER ZINSABSCHLAGSTEUER
WIR ZAHLTEN IHNEN ZURUECK GE-NR 94283940 VAL 01.09.94         192.446,76 S
04,70000%ZINSEN AUF                          94                  (854,25)
ZINSEN              '      .ICHTIG
ZINSZAHLUNG VORBEHALTLICH ETWAIGER ZINSABSCHLAGSTEUER


SICHERN SIE SICH JETZT ZINSEN        ------ 4, -
BIS ZU 8 %.  FRAGEN SIE UNS.   Übertr. Währung  Kontonummer        Kontostand
Bitte Rückseite beachten / Please see overleaf / Voir au verso! / Vease al dorso!
```

Was kostet Ihre Welt?

Kapitel 13

Unten empathisch, oben simpel

Zweifelsohne eine Überschrift, bei der nicht schlagartig klar wird, wohin die Reise geht. Und da wären wir auch bereits beim Stichwort: »Unterwegs sein und solventer werden«. Gerade im frohlockenden Anfangsstadium Ihres Gelingens werden Sie ziemlich flott auf allerhand mobile Ideen kommen. Oder diese werden Ihnen von sogenannten Beratern und guten Freunden zugetragen. Die Skala der Anlage- und Reise- und Lebenstipps ist hier nach oben weit offen. Leider. Ich warne Sie vor lukrativen Fonds, deren Existenzen Ihnen bis dato komplett unbekannt waren. Auch Immobiliengeschäfte in Bulgarien oder sonst wo, die zweistellige Renditeraten offenbaren, werden Sie mit hoher Wahrscheinlichkeit ärmer anstelle wohlhabender machen. Glücklicherweise leben wir in digitalen Zeiten, in denen ich Ihnen diese Warnungen eigentlich gar nicht aussprechen muss. Information ist überall! Lassen Sie also die Finger von todsicheren Geschäften ohne tiefen Check. Worauf ich eigentlich hinauswollte, sind diese hauseigenen Wünsche, die wir alle in uns tragen. Bei dem einen ist es die Weltreise, bei anderen das Haus mit Pool oder wieder andere wollen einfach nur weg. Sonne, Strand und Insel. Umschreiben wir es ganz simpel mit »Nie mehr arbeiten oder möglichst wenig arbeiten«.

Der Traum vom ewigen Sonnenbad
ist oftmals berauschender
als die verdammt komplizierte Umsetzung.

Auch wenn Sie aktuell im Geld schwimmen. Sie durch ein Meer voller Glückssträhnen waten und das Leben nur auf Sie allein wartet – es reicht nicht zum Ausstieg. Es reicht eigentlich nie. Wenn Sie es nicht schlau anpacken, werden Sie relativ schnell baden gehen. Weil Sie es sich leisten können! Ich denke, der Gewinn an Lebensqualität ist mit keinem Geld der Welt zu bezahlen. Vor das »One-Way-Ticket« in südliche Gefilde oder wohin auch immer, hat der Herrgott, das Universum etc. eben einige Zeitfenster gesetzt.

Diese zu überspringen, wäre ein fataler Fehler. Sie müssen ja nicht deutscher Meister im spartanischen Leben werden, aber schaden wird es Ihnen nicht, als Sparfuchs zu glänzen. Knausern ist für mich erkenntnisoffenes Streben nach mehr. Eine Weile nur! Wie viel Lebensglück? Wie viel gute Erinnerungen? Wie viel gewisse Verfressenheit an Luxus soll es sein? Was möchten Sie denn gern ganz oben auf der Liste stehen haben? All diese Fragen müssen Sie vorab klären. Und in jeglichem Lebensbereich niemals vergessen:

Erträge nutzen und Substanz erhalten!

Frühstück im Paradies.

Kapitel 14

»Keine Atempause – Geschichte wird gemacht.«

(Fehlfarben, 1982)

Dieser Satz aus einem Oldie sollte Ihr permanenter Anker sein. Natürlich haben Sie bisher für Ihre Ausgangsposition Einzigartiges geschafft, aber das darf niemals Grund sein, nachzulassen. Es existieren im Berufsleben und vermutlich auch im allgemeinen Dasein wenige Möglichkeiten, den Blattschuss zu setzen, den Volltreffer zu landen und den Hauptgewinn aus der Trommel zu fingern.

Da sollten Sie keine Gewissensbisse plagen, ob es gerecht ist, dass die nette Dame an der Supermarktkasse im Moment weniger verdient als Sie in zwei Stunden. Ich kenne diese Emotionen, aber lassen Sie es sich gesagt sein, diese Regungen werden Sie nicht weiterbringen, sondern zurückwerfen. Denn das Leben ist leider ungerecht, weit entfernt vom gefühlsbetonten Bullerbü!

Ich bin kein Ellenbogenausfahrer, der bei allem, was er tut, Herrn Darwin vorschiebt. Frei nach dessen Motto: »Nur die Stärksten überleben!«. Nein, weit gefehlt! Tun Sie Gutes, nur reden Sie nicht darüber – alles andere wirkt armselig.

Kreisen Sie Ihr solidarisches Tun klar ein. Erst zählen Sie. Wenn es Ihnen gut geht, können Sie auch für andere Gutes tun. Das sollte eine klare Marschroute sein, die auch Ihre Familie betrifft und respektieren sollte. Eine rote Linie. Sie müssen gesund sein, agieren und liefern können. Das meine ich körperlich wie wirtschaftlich. Erst danach können Sie sich um Ihre Liebsten kümmern und gern auch um andere. Aus tiefstem Herzen, freigiebig und solidarisch.

Diese Argumente ziehen nicht: Ein Spaziergang mit den Kids kostet nichts und bedeutet so viel mehr im Leben als ein Bündel Geldscheine auf dem Konto. Ja, aber in den Wald müssen Sie auch erst mal kommen. Auto wie Bus kosten etwas. Und sollte es regnen, benötigt der liebe Nachwuchs Gummistiefel und Hunger hat die Rasselbande auch.

Das ist nur ein Beispiel, das Sie gern in jede Richtung potenzieren dürfen. Machen wir uns nichts vor. Das Leben kostet viel. Verschleudert aber entschieden weniger Energie, Schweiß und Tränen, wenn die hauseigene monetäre Bilanz stimmt. Gibt ja noch genügend andere Baustellen und Schlachtfelder, da müssen Sie sich nicht zusätzliche Fässer aufmachen.

**Deshalb ruhen Sie sich niemals
auf Ihren Lorbeeren aus.**

Boris Becker hat auch am Heiligen Abend Bälle gegen die Garagentür geschmettert und keinen Stollen gefuttert. J. K. Rowling hat komplett abgebrannt in der Besucherritze bei Freunden geschlafen, zeitgleich hartnäckig geschrieben und das Kind gestillt.

Noch Fragen?

Wir verstehen uns, oder?

Ich, immer auf Achse.
Kindermund tut Wahrheit kund.

Kapitel 15

Mehltau goodbye – hello showbusiness!

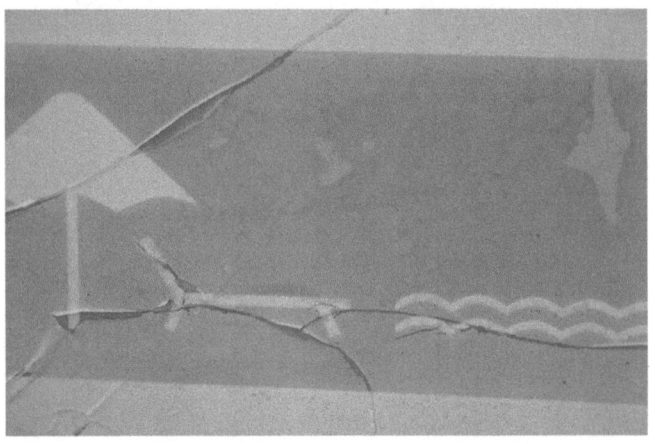

Meine Idylle zeigte erste Risse!

Kommen wir zum Anpacken und Umgehen mit der Karriereleiter. Im allerbesten aller Fälle werden Sie wie ich ins kalte Wasser geworfen. Scheuen Sie sich nicht davor – es wird Ihnen guttun. Sie werden wie einst der adrette AXE Deodorant Klippenspringer ins neue Gewässer eintauchen. Und plötzlich wird er weg sein, dieser Mehltau, der alle Menschen umgibt, die sich nicht trauen können und wollen und denen nichts zugetraut wird. Was soll ich Ihnen erzählen, außer Folgendes:

**München/Ismaning – Unterföhring,
vor vielen Jahrzehnten.**

Sie werden, sofern Sie sich auf Ihre Hinterbeine stellen und das obligate Wischiwaschi ausblenden, wie – zur richtigen Zeit an der richtigen Stelle, die richtigen Menschen, die Gunst der Stunde und all den anderen Kram, der immer dafür verantwortlich gemacht wird, wenn etwas funktioniert –, zeitnah an Ihr gestecktes Ziel gelangen.

Ich zweifle an Energien, die einen unter den Arm greifen, aber eines möchte ich schon anführen, wenn es denn irgendwann für Sie um etwas geht.

Ich rede hier von »richtig um etwas gehen«, dann sollten Sie brennen. Und vielleicht sind Schlagwörter wie Gunst, Glück etc. auch so zu verstehen. Wenn Sie spüren, dass es an der idealen Zeit ist.

Ein Beispiel: Sie stehen mit dem idealen Gesprächspartner zusammen – im Aufzug, sei es nun aus Zufall oder weil Sie diese Person tagelang observiert haben und sich in dessen Nähe geschmuggelt haben, in der Schlange in der Autovermietung oder Sie sitzen einige Stuhlreihen im Flieger hinter einem Entscheidungsträger –, dann heißt es: Zupacken!

Mehr als Nein können diese Menschen nicht sagen. Sie müssen ja nicht penetrant wirken, sondern legen Sie sich so etwas wie Charme oder Humor zu. Das bewirkt Wunder! Mein wunderliches Ergebnis einer konsequenten Strebsamkeit und eines Zupackens führte mich in die Fernsehstudios. Nur Wochen zuvor ein komplett unerreichbarer wie ungeplanter Ort. Und nun stand ich an diesem und musste liefern. Wollte liefern. Konnte ich das alles? Wer wollte das wissen? Ich jedenfalls nicht!

ZDF

Zweites Deutsches Fernsehen | 55100 Mainz
Anstalt des öffentlichen Rechts

ZDF · 55100 Mainz

Programmdirektion

Herrn
Roland Winterstein

Ihr Zeichen und Tag	Un. aw/t	Telefon Durchwahl	Datum
			04.03.02

EINLADUNG ZUM AUTORENMEETING

Liebe Herren Autoren!

Unser letztes Treffen liegt nun schon wieder mehr als ein halbes Jahr zurück: zusammenzusetzen, um Fragen zu klären, über die Zukunft

Deshalb laden wir Euch für den **10. und 11. April 2002** ganz herzlich nach Mainz auf den Lerchenberg ein.

Eine Tagesordnung für das Meeting folgt in Kürze. Über Wünsche und Anregungen von Eurer Seite freuen wir uns sehr.

Demnächst wird sich die MPS mit Euch in Verbindung setzen zwecks Planung Eurer Reise nach Mainz und der Unterbringung.

Liebe Grüße
und auf bald in Mainz

Angela

Thorsten
☺(zur Zeit im Studio)

Telefon | +49(0)6131 70 1
Telefax | +49(0)6131 70 2328
Web | zdf.de

Viele Jahre Showautor bei Tabaluga tivi.
Plötzlich richtig wichtig?!

Ich Jungspund erhielt keine Einstiegsberufung wie Kabelträger oder Praktikantenjob, sondern war sofort verantwortlicher Redakteur und Autor einer täglichen bundesweiten Produktion für kleine Menschen eines Privatsenders. Später wechselte ich galant zu den Öffentlich-Rechtlichen! Alles floss ...

Vermutlich wird Sie Ihr Einsatz an einen Ort führen, den Sie so nicht auf dem Plan hatten. Er wird nicht unbedingt die Mitte auf der Dartscheibe sein, mehr die Randfläche Ihrer Träume und Hoffnungen. Egal. Nun heißt es Punkte machen. Angst oder Zögern müssen Sie jetzt über Bord werfen, auch wenn sich alles in Ihnen daran festklammert. Seien Sie unerschrocken! Seien Sie verwegen und auch ein wenig größenwahnsinnig. Und lassen Sie sich um Himmels willen nichts von Ihrer Unsicherheit anmerken. Sie sind in diesem Moment der Dompteur Ihres Lebens und die Geschichte mit den Tieren, die Ihre Angst wittern können, ist Ihnen ja sicherlich hinlänglich bekannt.

Kommen wir zurück in mein Gehege, in das mich meine Lebensoptimierung gestellt – nein – geworfen hatte. Sie müssen wissen, dass ein Fernsehstudio einer kleinen Firma oder Behörde gleicht. Es wuseln unzählige Menschen herum, die unterschiedlichen Aufgaben nachkommen. Diese sind wiederum unterschiedlich gewichtet, aber alle müssen ineinandergreifen, sonst kommt am Ende nicht sehr viel an sehenswertem Material heraus. Ich war plötzlich Boss. Ich hatte die Texte geschrieben. Texte für ein Kinderformat, das ich nur vom Hörensagen kannte. Zwei Puppen spielen mit einem Menschen lustige Geschichten.

Alltagsstorys von variabler Länge, die das Sendeformat vorgab. Wohlgemerkt ein tägliches Format, was viel Aufmerksamkeit beim Publikum hervorrief, gleichzeitig aber immensen Aufwand forderte. Das Set glich einem Kinderzimmer und wurde in zeitlichen Abständen umgebaut – die Spielstätten waren gern auch ein romantischer Dachboden oder ein geheimnisvoller Keller.

Keine Ahnung, wie ich das unbeschadet überleben sollte. Und jetzt Chef? Alleiniger Chef? Alle warteten auf mich, dem Tagesautor und Redakteur vom Dienst. Denn ohne Ansagen und Texte lief die Maschine nicht.

Der Studioregisseur – in diesem Falle eine Frau, eine von allen Seiten gefürchtete, muss ich hinzufügen – riss mir meinen Stapel Texte aus den Händen und alle vom Kabelträger bis zum Lichtmenschen formierten sich um mich. Die Löwen waren hungrig. Als die Löwenmutter meine Texte studiert hatte, begann sie zu lachen. Aber nicht, weil meine Texte überaus witzig waren, sondern weil sie einen gravierenden Rechtschreibfehler entdeckte und diesen vor versammelter Mannschaft zum Besten gab. Alle wieherten mit.

Und hier kommt das nächste Learning. Ich biss zurück. Bestand darauf, dass dies kein Fehler sei, sondern von mir genialen Schreiber beabsichtigt, weil es für die Story wichtig sei. Das junge Zielpublikum sollte über fehlerfreies Schreiben unterrichtet werden. Sozusagen eine Geschichte mit pädagogischem Effekt. Alle staunten und meine Wangen glühten vor Aufregung. Die Regisseurin beäugte mich, klopfte mir auf die Schulter und zog mit ihrer gefräßigen Herde von dannen, um meine Texte zum Leben zu erwecken. Ahnen Sie, was ich Ihnen mit diesen Zeilen mitteilen möchte?

Keiner hat die Weisheit mit Löffeln gefuttert. Sie müssen nur im idealen Moment die Teller auf Ihren Stäbchen gekonnt jonglieren. Und wenn doch einer zu Boden purzelt – shit happens – weitermachen.

An diesem Tag geschah für mich noch etwas Entscheidendes. Und das sollte auch ein Merkmal für Sie sein und bleiben.

Qualität entscheidet gegen Form.
Können gegen Wollen.

sämtliche erst nach Vertragsschluss bekannt werdende Verwertungs- und Nutzungsarten, die Filmproduction nicht bereits nach vorstehenden Ziffern übertragen sind bzw. die bei Vertragsschluss technisch nicht realisierbar und/oder wirtschaftlich unbedeutend waren.

2.17 Über die in vorstehend genannten Rechte und Befugnisse hinaus ist das vorliegende Rechtsverhältnis mit Wirkung für alle diejenigen Urheberrechtsordnungen, die eine entsprechende Konzeption anerkennen, als "Auftragswerk" (**"work made for hire"**) zu verstehen. Mit Wirkung für alle Rechtsordnungen, die eine Abtretung des Urheberrechts (**"Copyright Assignment"**), der Leistungsschutzrechte oder der sonstigen Rechte zulassen, tritt der Autor in Bezug auf die zuvor genannte Rechtseinräumung das Urheberrecht bzw. die Leistungsschutz- oder sonstigen Rechte an Filmproduction ab. Filmproduction ist berechtigt, diese Abtretung in den hierfür maßgeblichen Registern (z.B. United States Copyright Office) eintragen zu lassen. Soweit dies nach den jeweiligen Rechtsordnungen zulässig ist, erklärt der Autor darüber hinaus einen Verzicht auf die Geltendmachung der Urheberpersönlichkeitsrechte (**"waiver of moral rights"**).

Berlin, den 09.10.2012

KIDDINX Filmproduction GmbH

Roland Winterstein

Alles ist möglich! Cash flow!

Fürs Korrigieren, schön aufpeppen und funkeln lassen gibt es genügend Anlaufstellen, die Sie engagieren können. Aber bauen und erfinden, schöpfen und wirken lassen, das können nur Sie. Und das sollten Sie so genial wie möglich vermögen – so alleinstehend, dass man Sie ruft und alles andere in Kauf nimmt. Es gibt Tausende Autoren, deren Bücher, deren Gliederungen, deren gebundene Arbeitsmappen unendlich perfekter aussehen als die meinigen. Und damals tippte ich noch auf Maschine mit Tipp-Ex Flecken auf dem Papier. Trotzdem bin ich heute hier und viele andere sind verschwunden.

Ja, Sie mögen denken, in meinem künstlerischen Bereich mag das gehen, der verträumte Schreiberling mit der Schreibmaschine auf einer Insel im Mittelmeer. Aber in anderen Bereichen klappt das garantiert nicht.

Doch!

Denn es dreht sich um etwas ganz anderes. Meine Texte funktionierten nicht nur auf dem Papier, sondern in der Umsetzung. Ich hatte etwas vorzuweisen. Etwas sehr Rares.

Praxis schlägt die Theorie immer glatt in drei Sätzen.

Die Ideen waren anders, emotionaler, unterhaltsamer und sie zogen die Menschen in ihren Bann. Und dann ziehen sie auch mit. Ich hätte meine Texte auch auf die Rückseite eines Schokoladenpapiers kritzeln können oder vorsingen. Am Ende zählt die Qualität und nicht der schöne Schein eines aufgepeppten Schreibprogramms oder besonders edles Druckpapier Ihres Drehbuchs des Lebens.

Wie oft erleben wir, dass Äußerlichkeiten im Leben überhandnehmen?

Die mondäne Werbeagentur mit der schicken Tischtennisplatte in den noch mondäneren Räumlichkeiten im begehrtesten Viertel der Stadt. Die trendigen Kreativen in den kaum bezahlbaren Altbauwohnungen mit abgeschliffenen Dielenböden und Architekturjournal auf dem klinisch sauberen Mobiliar. Küchen, sündhaft teuer, aber kaum benutzt, stehen als Wertobjekt herum, aber nirgendwo ein Fettfleck zu Erhaschen. Obwohl die Küche der Platz für Dampf, Schweiß und Dreck ist und war.

Und das Leben ist ebenso. Fallen Sie nicht bei jeder Gelegenheit auf den schönen Schein herein. Wenn Sie mich im Zug oder im Flieger treffen, unter all den geschäftstüchtigen Menschen, mit all den modernsten Klamotten, technischen Ausstattungsgeräten und dem letzten Schrei als Haarschnitt auf dem Kopf, würden Sie vermutlich die anderen engagieren und mir aus Mitleid eine Münze in die Hand drücken.

Nur ... ich bin derjenige, der Ihnen das liefert, was die anderen nicht vermögen. Dies ist keine Arroganz, sondern eine gesunde Selbsteinschätzung. Von anderen erhalten Sie sicherlich auch nichts Schlechtes. Niemals richtig gut, aber auch niemals richtig schlecht. Wenn Sie aber groß rauskommen möchten, müssen Sie Einzigartiges liefern und das ist in einer weitgehend linearen

Gesellschaft nicht einfach. Denn an den Schaltzentralen der Macht agieren meist ähnliche Menschenkinder, die gern immer identische Ausgaben fördern und bevorzugen. Heißt: gleiche Schulbildung, gleicher Dresscode, gleicher Geschmack, gleiches Dasein. Herdentiere riechen Herdentiere. Milieus befeuern Milieus.

Liefern Sie dennoch immer und überall Ausnahmeware. Auf dem Papier lasen sich viele meiner Texte zu fantastisch. Unreal. Viele schüttelten den Kopf. Klappt nicht. Haben wir noch nie so gemacht. Zu schwierig! Und schwierig ist in Zeiten einfacher Lösungen stets ein Ausnahmezustand. Ich drückte qua meiner Stellung meine Ideen durch. Plötzlich spürten alle, dass Sie an etwas mittaten, das neu, unverbraucht und frisch wirkte. Ich konnte begeistern.

Und ich besaß folgendes Glück. Ich hatte Leute im Rücken, die durchzogen.

Kompagnons mit Mut und Macht.

Die benötigen Sie, um nicht früher oder später wieder eliminiert zu werden. Ich muss Ihnen das leider so klar verdeutlichen. Wenn Sie als Paradiesvogel unterwegs sind, werden Sie es im Kreis derjenigen mit Lederetuis nicht leicht haben. Denn in deren Leben gibt es nur nachvollziehbare Dinge und Menschen. Perfekte Zeitungen, die in perfekten Räumen ausliegen.

Wollen Sie zu den Perfekten gehören?

Vor denen es Sie insgeheim graut?

Müssen Sie zwecks Karriere wenigstens eine Zeit lang dazugehören und mit den Wölfen heulen?

Weil es Sie nach vorn katapultiert?

Diese eminent wichtigen Fragen müssen Sie sich möglichst im Vorfeld beantworten. Allgemein bekannt führen viele Wege nach Rom. Sie können auch mühselig über die Alpen wandern. Oder Sie schubsen sich zu denen, die an den Hebeln sitzen. Da sollten Sie sich schmerzfrei machen. Sie müssen diese mächtigen Menschen nicht lieben, nicht mit ihnen liiert sein – aber diese Personen erleichtern Ihnen vieles, wenn Sie etwas wecken.

Andere müssen daran glauben, an Ihnen partizipieren zu können. Dafür müssen Sie etwas Aufrichtiges darstellen, etwas kreieren oder zumindest mehr als ein vages Versprechen auf mehr abgeben. Man muss Ihnen schlichtweg glauben. Dafür benötigt es Talent, Hirn und positive Ausstrahlung.

Mit einem Stinkstiefel wollen wir doch alle nichts zu tun haben, geschweige so einen empfehlen, weiterreichen oder sogar mit ihm zusammen etwas stemmen.

Leben heißt Handeln
(Albert Camus, 1913–1960)

Lesen Sie das ruhig mehrmals und denken Sie darüber nach.

Mit dem, was du selbst tun kannst,
bemühe nie andere.
(Thomas Jefferson, 1743–1826)

Es gibt keine Taschenspielertricks, um geschlossene Kreisläufe, elitäre Zirkel und feste Seilschaften zu brechen. Ich hatte nur instinktiv das Richtige getan.

Kennen Sie das Gefühl?

Nein.

Dann nichts wie los und holen Sie es sich. Es ist berauschender als vieles andere, was vermeintlichen einzigartigen Rausch verspricht. Seien Sie einfach Sie selbst! Das ist mehr wert, als Sie denken!

Ihr Autopilot funktioniert im rechten Augenblick, obwohl Ihnen gar nicht bewusst war, diesen überhaupt angeknipst zu haben. Ich nenne das immer das Prinzip »Geisterhand«. Ich meine damit keinen knorrigen, angriffslustigen Greifer, sondern die berühmte »helfende Hand«, die Sie packt und überbrückt.

```
AUSSCHUETTUNG        12/2005 für WINTERSTEIN ROLAND
Rechn.-Nr.                   Kartei-Nr. C                    13.12.2005
                            Finanzamt:
                            SteuerNr.:
  Vergütung für                                        EUR Betrag
-----------------------------------------------------------------
Kabel ZDF               2003 12
Ferns.Kabel Belgien     2003 12
Ferns.Kabel Schweiz     2003 12
Kabel Deutschland       2003 12
Kabel Deutschland       2004 12
Ferns.Kabel Dänemark    2002 12
Ferns.Kabel Dänemark    2003 12
Ferns.Kabel Niederla    2003 12
Ferns.Kabel Österrei    2003 12
Ferne.Kabel Österrei    2004 12
Fernsehen               2003  4
Fernsehen               2004  1
Fernsehen               2004  4
-----------------------------------------------------------------
  Nettobetrag . . . . . . . . . . . . . . . . . .
+ 7.0% MWSt. . . . . . . . . . . . . . . . . . . .
  Bruttobetrag. . . . . . . . . . . . . . . . . .

  Auszahlungsbetrag . . . . . . . . . . . . . . .
                                            ===================
```

Endlich passives Einkommen!

Dieses »es klappt« ist wie im Dunkeln stehen und in seiner Hosentasche vor der Tür kramen, um den Schlüssel zu suchen. Die Fingerkuppen fühlen und spüren über viele Dinge – das Feuerzeug, die Kaugummipackung, lose Münzen –, aber zielsicher fischen Sie den Bund hervor und fingern auch noch traumhaft elegant den passenden Schlüssel in Schloss. Die Tür schwingt auf und Sie stehen glücklich im hellen Schein. Alles ein einziger fließender Prozess, von dem Sie nicht wissen, wie Sie ihn in Gang gebracht hatten. Vielleicht, weil Sie nur einfach Sie waren!

Ein allgemein gültiger Lebensstil zum Teilen ist kein anzustrebendes Ziel. Denn dieser generiert den Kater nach einem opulenten Champagnerfrühstück.

Allgemein gültig ist ein Billett für den öffentlichen Straßenverkehr. Gut und schön. Aber entsinnen Sie sich noch an meine kurvige Küstenstraße am Meer? Dort kommen Sie mit einem Nahverkehrsticket niemals hin. In der Tram feiert Sie niemand! Wenn ich mich auch gerade etwas über Bus und Bahn erhebe, es war nicht gleich so, dass mich alle an meinem ersten Tag umarmten und als neuen Zirkusdirektor auf den Schultern in die Kantine der Kirch Gruppe trugen. Nein, es waren die kleinen, aufmunternden Blicke, das versteckte Lachen und Zunicken und der kurze Klaps auf die Schulter, der mir klarmachte, dass sie mich als einen der ihren akzeptierten. Sogar als einen Anführer, obwohl ich mit Abstand der Jüngste und Unerfahrenste war. Aber womöglich war ich auch der

Talentierteste unter ihnen. Ein Alleinstellungsmerkmal namens Können ist der Schlüssel zu allem. Das gilt an der Supermarktkasse, an der Bushaltestelle oder in der Vorstandsetage.

Ich bin der lebende Beweis. Als ich nach Drehschluss nach Hause fuhr, hörte ich im Gehen »Coole Geschichten hat der junge Kerl gemacht. Aus dem wird mal ein Großer.«. Ich mutierte im Laufe der folgenden Wochen und Monate zum beliebtesten und bestbezahlten Kreativen dieser Produktion. Und hatte nichts getan, außer meinen Leitsatz zu beherzigen:

Folgen Sie Ihrem Talent und Ihrem Drang
– nicht nur Ihrem Traum!

Kapitel 16

Geschnittenes Brot auf Bali

»Demut ist ein wesentlicher Bestandteil des Gelingens!«

Sich unabhängig zu machen, wenigstens so weit wie möglich, ist ein erklärtes Ziel, doch dass wir gänzlich frei und nicht fremdbestimmt leben können, ist und wird immer eine Mär bleiben. Denn alles, was Menschen Ihnen gegeben haben, kann Ihnen von ebensolchen auch wieder genommen werden. Aufträge, Zusagen, Kooperationen, Liebesgeständnisse – alles nur eine Frage der Zeit. Dennoch möchte ich an Sie appellieren, möglichst autonom unterwegs zu sein. Und wenn das nicht möglich erscheint, kommen wir wieder zu dem »breit aufstellen«. Seien Sie eine sympathische Hydra. Schlägt Ihnen jemand vor den Schädel, besitzen Sie das Zeug, umgehend etwas Frisches nachwachsen zu lassen. Dementsprechend gewappnet geraten Sie seltener in unangenehme Abhängigkeiten oder Abwärtsspiralen. Gut abgesichert (das definiert jeder anders) dürfen Sie sich gern den Sonnenseiten des Lebens zuwenden. Und schaffen Sie sich unbedingt ein wie immer geartetes, familiäres Umfeld zwecks Bodenhaftung an.

Könnte gerade nicht besser laufen!

Es ist an der Zeit, wieder einen kleinen Schlenker zu wagen. Wenn Sie sich in einem Stadium der Erfüllung befinden, beginnt oftmals unbemerkt die Phase des Durchknallens. Ein wenig über dieses süße Laster hatte ich bereits berichtet.

Sie umgeben sich mit Dingen, die eigentlich keiner braucht – kostspielige Belohnungen. Doch dies ist nur der Anfang. War es jedenfalls bei mir. Ich war wirklich sehr crazy unterwegs. Da mein Leitspruch bis heute »Nehmen und Geben« lautet, habe ich Freunde samt Familien zu wochenlangen Traumurlauben auf die Kanaren eingeladen. Beglich generös die Schulden anderer und das gern. Unternahm Dinge, die wohl unter »Mutter-Teresa-Effekt« durchgehen. Anderen aus irgendeinem Dilemma herauszuhelfen, bereitete mir Freude und zudem ein gutes Gewissen.

Wenn es um Sie blendend steht, seelisch, körperlich wie finanziell, werden Sie wie ich womöglich völlig unbefangen die Arme ausbreiten und all die Dinge angehen, die auf jener berüchtigten »Löffelliste« stehen – also alles realisieren, was man abhaken möchte, bevor die Bootstour über den Jordan ins Jenseits startet.

Die üblichen Schlagwörter lauten hier: Sonne, Strand, Ozean, Autos ohne Dächer, schöne Frauen und adrette Männer, Weltreisen etc.

Mir ist klar, dass auch andere, weit individuellere und womöglich essentiellere Sehnsüchte existieren. Diese anzustreben, lohnt! Ich war damals eben relativ schlicht gestrickt und habe mich um die »üblichen Schlagwörter« gekümmert – die adretten Männer mal ausgeklammert.

Meine Top Sehnsucht seit jeher: Strand!

Es handelt sich für uns alle am Ende immer um den größten gemeinsamen Nenner namens »Leben«: gut bis sehr gut gelungen sollte drin sein. Können wir uns darauf einigen?

Auch wenn jeder von uns »Glück« anders definiert, anders definieren muss. Um glücklich zu leben, bedarf es an vorderster Stelle einer gewissen inneren Einstellung und eines gewissen inneren Antriebs, gleich, ob Sie auf Maui, in Pankow oder Leinfelden-Echterdingen Ihre Lebenszeit verbringen (müssen/wollen).

Ich denke, zu einem gelungenen Leben bedarf es nicht unbedingt einer Auswanderung nach Südfrankreich, kein unentwegtes Herumziehen mit »richtigen« Freunden, die einen seltsamerweise immer »falsch« beraten.

Bedenken Sie die Nebenwirkungen!

Ich habe mir viele dieser schönen Dinge auch zugelegt (nein, einen Überlaufpool nicht). Verschwendete Zeit, es fällt mir schwer, das heute zu sagen, aber ich muss da ehrlich zu Ihnen sein, damit Sie nicht in diesen goldenen Topf tapsen.

Wenn Sie mit sich »gut« sind, holt Sie der Bumerang des »faul werden« ein und Sie werden zwangsläufig nach hinten ins Sofa abkippen. Wenn es für Sie im Lift nach oben geht – der unaufhaltsam zu rasen scheint, egal, auf welcher Ebene Sie zusteigen oder aussteigen –, fühlt sich einfach alles richtig an – nur Sie werden immer bequemer. Läuft doch alles von allein. Attention, Sie bewegen sich auf gefährlichem Terrain. Dieses Füllhorn des Gelingens, das Ihnen gerade grandiose Möglichkeiten offenbart und

Sie wie von Sinnen von einem Sieg zum anderen wanken. Ihre Zeit des unendlichen Wachstums … Stopp! Kommen Sie bitte schleunigst von der Couch runter und behalten Sie einen klaren Blick über die Dimension Ihres Seins!

In Siegerlaune dürfen Sie gern tiefenentspannt sein. Wann sonst? Aber niemals inaktiv! Jetzt wäre es an der Zeit, tiefer zu graben. Lassen Sie es mich onkelhaft so beschreiben: Schürfen Sie im Bergwerk Ihrer Seele und Ihres Herzens, nach dem, was Sie wirklich runterkommen lässt. Der eine braucht südliche Sonne, der andere sportliche Ertüchtigung. Manche benötigen nur ein Buch (es muss nicht dieses sein), einen dampfenden Pott Tee oder eine Kuschelecke mit Aussicht.

Ihr Geldfluss, Ihr Informationsfluss, Ihr Fluss an neuen, guten Freunden, die Ihnen auf die Schulter klopfen und vieles andere mehr werden schlagartig unwägbarer!

Sie müssen demzufolge vorbereitet sein. Das funktioniert nur relaxt. Ich war selten gelassen unterwegs. Ich kann Ihnen aber einen kleinen Werkzeugkasten in puncto Gelassenheit an die Hand geben, den mir einst leider niemand in die Hände drückte. Das passende Teil müssen Sie schon allein für sich herausziehen.

Ja, es gibt diesen verlockenden Ozean an glitzernden Möglichkeiten, aber Sie werden sich ohne Kompass oder guter Crew darin verirren und am Ende feststellen, dass Sie mächtig viel Zeit vergeudet haben. Zeit mit Dingen, bei denen Sie das Gefühl hatten, die Zügel in den Händen zu halten. Ich fühlte mich auch riesig entspannt beim Erwerb irgendeiner schicken Sache, aber es war eben nur ein Gefühl – tatsächlich flatterte ich nur als konsumfixiertes Fähnlein im Winde umher. Gut ausgepolstert und meist permanent gut gelaunt, doch hinten raus eben doch nur als Loch im Cookie unterwegs. Seien Sie lieber der Cookie!

Lassen Sie es gut sein mit dem exklusiven Ramsch. Sagen Sie lästige Verabredungen ab, die nur dem ewig identischen Entertainment dienen. Vielleicht nicht gleich alle Partys, aber die meisten. Beruflich wie privat.

Lernen Sie vom Start weg, ohne Termine auszukommen und sich nicht schlecht dabei zu fühlen, wenn gerade mal nichts los ist. Alles keine Raketenwissenschaften, aber eminent wichtig, sich immer wieder ins Gemüt zu schieben! Nach einer nötigen Auszeit stellt sich immer diese einzige Frage:

Wie viel Entschlusskraft benötigen Sie, um den nächsten Überholvorgang anzuwerfen, obwohl Sie sich an der Spitze wähnen?

Ich muss Ihnen noch etwas Unangenehmes beichten. Es gibt immer noch ein weiteres Stückchen Spitze. Und dann noch eines und noch eines. Es ist die Spitze des Eisbergs. Erklimmen oder daran knallen wie einst ein scheinbar unbezwingbares Schiff?

Mein Hunger war damals rasch gestillt. Werden Sie bitte nie zu früh satt und nie zu früh faul.

**Grobe Ideen reichen auf dem Gipfel
irgendwann nicht mehr!
Büffeln Sie weiter.
Fundierte Informationen beseitigen
Falsch- und Feindbilder und erzeugen
im idealen Fall
neue Sichtweisen auf sich und andere.**

Seien Sie nicht nur ein Häuflein Elend mit einem Haufen Geld und dem, dies und jenem. Ich jubelte los, weil ich glaubte, dass jeder meiner Schüsse ein Volltreffer war. Waren sie nicht. Konnten sie auch nicht sein. Warum? Weil ich mein Visier mittlerweile völlig falsch eingestellt hatte. Sie können herrlich unbeschwert herumballern wie Lucky Luke. Ohne richtiges Visier geht es meistens am Ziel vorbei. Mal dichter dran, mal weiter entfernt. Vorbei ist vorbei!

Glauben Sie mir – Ihr Arm wird schwerer und schwerer werden. Die Konzentration wird erlahmen. Das schlaucht. Sie werden negativer und verdrossener. Die vielbeschworene Entspannung geht flöten.

**Kommen Sie nicht auf allen vieren ins Ziel,
sondern mit dem Lächeln des Siegers!**

Geschafft!
Next, please!

Kapitel 17

Krisenmodus!
Dieses fiese Ding kann richtig funkeln!

Vergegenwärtigen wir uns, in welchem Stadium und in welcher Gefühlslage ich mich befand. Trefflicher als »Mr. Steilaufwärts« mit den unglaublich vielen Talenten geht es wohl nicht. Alles wuchs wieder einmal (meinen gesunden Menschenverstand mal ausgenommen). Kontostand, Selbstbewusstsein, die eigenen Ansprüche, der Lifestyle, kurzum, beinahe alles.

Urplötzlich erwischte mich der eiskalte Wind des Niedergangs als Breitsalve. Komplett verdient, denn ich hatte meine Lektion nicht gelernt. Schon einmal wurde ich von einem Tag auf den anderen vor vollendete Tatsachen und vor die Tür gestellt. Durch Können, Glück und Geschick hatte ich das Blatt jedoch gewendet – und blindlings weitergemacht. Ohne wirkliche, die richtigen Schlüsse daraus zu ziehen.

Glauben Sie NIE, dass Sie immer so weiter punkten!
Oder es für Sie immer gut ausgeht und ein Heli
Sie aus dem Inferno rettet.

Ich hätte mich wappnen müssen, auch wenn die Goldader, an der Sie gerade genüsslich saugen, unermesslich scheint – sie scheint es eben nur. Installieren, gerade in guten Zeiten, bedarf es unendlicher Ausdauer und Konsequenz, sich ein tragfestes Konstrukt heranzubilden, das sich in tiefer Not bewährt. Verwenden Sie darauf bitte sehr viel Zeit! Seien Sie fleißig! Denn nichts ist schlimmer, als ohne Netz zu stürzen. Und nichts ist schwieriger, als sich davon zu erholen.

Die Kirch Gruppe ging pleite!

Ich möchte jetzt nicht verifizieren, wie und warum dies vonstattenging. Mir gingen die Buchstaben aus. Mir fehlten die Worte.

Von wegen Oase in Sicht!

Jedenfalls hatte diese Schlagzeile auch für meinen Haussender eine immense Bedeutung. Weniger im allgemeinen Klischeedenken, dass ich nun mit einem Pappkarton in den Händen von dannen wandern musste. Nein, eigentlich erging es mir noch viel schlimmer. Ich erlitt einen langsamen Tod. Denn mein Sender wurde von einem großen Sender geschluckt – eleganter nennt man so ein Prozedere wohl »Fusion«.

Mit dieser neuen Welle kamen neue Leute. Und neue Leute sind immer gefährlich. Und noch viel gefährlicher sind neue Leute mit wenig Ahnung, gepaart mit vielen neuen Ideen. Und das Allergefährlichste sind neue beratungsresistente Leute mit wenig Ahnung, die aber denken, Sie hätten die Weisheit auf ganz großem Geschirr zu sich genommen.

Denen ist das egal:

Ich arbeitete für eine gelungene, jahrelang gut laufende Produktion, was die Einschaltquoten bewiesen.

Ich arbeitete für sehr gutes Geld, was mein Können bewies.

Ich hatte das inhaltliche Sagen. Böse Zungen riefen mich auch »sanften Imperator«.

Wir schafften in einem stimmigen Studio, einem kindgerechten Set, was uns unsere jungen Zuschauer mit haufenweise Fanpost bescheinigten (es gab noch keine Kommentarfunktion).

Wir besaßen engagierte, talentierte, unverbrauchte Moderatoren wie Sonja Zietlow und Peter G. Dirmeier.

Nun kamen die Neuen.

Die qua Sieger das Sagen für sich beanspruchten.

Mit null bis wenig Ahnung über Kinderfernsehen.

Aber mit Entscheidungskompetenz!

Für Unmengen an unnötigen Investitionen wurde ein visionäres Studio gebaut. Neue Moderatoren, hübsch anzusehen, relativ talentfrei, wurden engagiert.

Der nette Imperator, also ich, wurde lächelnd kaltgestellt und durfte statt 100 % Inhalt nur noch 10 % Content zusteuern (dies bedeutet 90 % Einnahmeverlust und gefühlte 150 % Schmerz wegen Bedeutungsverlust. Mein Selbstmitleid bewegte sich in deutlich höheren Prozenten).

Die Sache floppte!

Nach wenigen Monaten wurde die Sendung erst im Nischenprogramm wegen mangelhafter Quoten auf einem traurigen Sendeplatz versteckt. Dann verschwand das Format völlig von der Bildscheibe.

Die Welt brach zusammen.
Für mich!

Ich war gezwungen, einzupacken. Alle hochtrabenden Pläne wie neuer Fincabau, Investitionen hier und dort, überall wirbelte der Rotstift.

Aus der Traum?!

Und es schien niemanden zu interessieren. Mir blutete das Herz. Ich fühlte mich wie eine einzige klaffende Wunde. Man hatte mir mein »baby« weggenommen. Man hatte mir mein Leben entrissen. Während die Neuen einfach weiterzogen, blieb ich und ein ganzes Team zerstört zurück. Und auch das schien niemanden zu interessieren. Warum auch?

Bekam ich einst zu meinem Geburtstag noch 700 Glückwünsche, trudelten nun mehr nur noch 5 Gratulationen ein. Alle, die mir einst »Das geht ewig so weiter. Das Ding ist ein Selbstläufer« in die Birne gesetzt hatten, waren verschwunden.

Viele klagen nach Nackenschlägen das Schicksal an. Oder machen mystische Verschwörungszirkel für die erlittene Niederlage verantwortlich.

Ich bin nicht abergläubisch.
Aberglaube bringt Unglück!
Niemand ist ein Bauernopfer!
Jeder ist für sich selbst verantwortlich!

Nicht die meiner Meinung nach hirnlosen Dilettanten waren an meiner Situation schuld. Ich war es. Aber das weißt du immer erst viel später.

Warum hatte ich keinen ordentlichen Vertrag abgeschlossen? Warum hatte ich mir darin keine wichtigen Vereinbarungen nebst Abfindung reinschreiben lassen?

Weil die Kohle doch mittels Handschlags seit Jahren floss. So blieb mir nichts. Außer das Jammern mit all den anderen, wie schlimm diese Welt doch sei.

Und wo war eigentlich mein Netzwerk? Wo war das Telefonat mit einem Entscheidungsträger, der mich gern als Hauptverantwortlichen direkt an einen neuen Sender nebst neuer inhaltlicher wie lukrativer höchstinteressanter Position, weiterempfahl? Ich hatte nicht gegen diese Flut vorgebaut. Keinen einzigen Sandsack. Dieses Fiasko war hochverdient.

Ersparen Sie sich die Erfahrung, blanko zu gehen!

Wenn Sie nach einer Pleite länger als einige Wochen brachliegen und nicht rasch unterkommen, ist es wie mit Brot. Das wird hart, schimmelt und wird entsorgt.

Eine gewisse Zeit ignorierte ich die Gegebenheiten. Ich klinkte mich einfach aus und ließ es mir gutgehen.

Frei nach dem Motto: »Es wird sich schon regeln lassen«.

Nichts regelt sich von allein,
wenn Sie es nicht höchstpersönlich regeln.

Eine kleine Anekdote am Rande. DJ Ötzi hat »Anton aus Tirol« zum Welthit gemacht, obwohl es zig Leute vor ihm mit diesem Song probiert hatten. Doch nur er hatte Erfolg. Warum wohl? Weil er es persönlich auf seine Art und Weise geregelt hat. Okay, vielleicht besaß er auch nur Glück. Das Glück, das mich auf Nimmerwiedersehen verlassen hatte.

Nach Wochen intensiver Weltreise fiel ich zusammen wie ein flüchtiges Kartenhaus. War eine kaputte Puppe, nur schwer reparierbar. Alle Argumente, die ich dieser bösen Welt entgegenschleuderte, nährten leider meine Erkenntnis, dass diese böse Welt dort draußen gar nicht für meinen beruflichen Zusammenbruch verantwortlich war. Mein unverschämt großartiges Negierungsvermögen schwand. Ich hatte meine Hausaufgaben nicht ordentlich erledigt.

Fehler hatten sich eingeschlichen. Ich wurde labil, nachlässig – all die Komponenten, die mich einst in den Orbit des Erfolgs schossen, hatte ich in die Ecke gepackt, weil ich glaubte, unbesiegbar zu sein und alles Glück dieser Welt mir einfach so zuflöge. Kapitale Anfängerfehler. Von wegen, das Leben mischt die Karten und das Schicksal verteilt sie. Sie allein – noch einmal langsam zum Mitschreiben: Sie allein bestimmen, welches Blatt in Ihren Händen liegt.

Der Finger, mit dem ich lamentierend auf andere zeigte, richtete ich nun gegen mich!

Setzen Sie sich nie an einen Kartentisch mit weniger als vier Beinen. Schaffen Sie sich eine seelische Widerstandskraft an, die Sie solche Extremsituationen leichter überstehen und schneller reagieren lässt. Ich war lange Zeit außer Gefecht, bis ich mich wieder berappelt hatte. So verlor ich kostbare Zeit. Rechnen Sie immer mit allem und tragen Sie Ihren unsichtbaren Schutzschild stets bei sich – Sie wissen nie, wann Sie ihn gebrauchen können.

Nehmen Sie das an, was ist und machen das Bestmögliche daraus. Auch wenn es Ihnen komplett unglaubwürdig erscheint – es mag sich vermutlich wie ein Schritt oder sogar mehrere tausend Schritte zurück anfühlen, aber sind diese Schritte nach hinten vielleicht nur der Anlauf für den nächsten gewaltigen Sprung nach vorn?

Ich kann das bejahen!
Man wird sich an Sie erinnern,
wenn Sie etwas dafür tun!
Schleifen Sie den Edelstein Ihres Talents und Ihres
Willens unaufhörlich und legen Sie Ihre Gaben nicht
nur in die Auslage. Abwarten und Tee trinken wird Sie
auslöschen. Schütten Sie sich Espresso oder sonst was
hinein, was Sie auf Touren bringt!

Seien Sie wie eine Kaffeemaschine!
Ein Knopfdruck und Sie brennen!

Der Gang zurück ins Spiel fiel nicht leicht. Mir fehlte plötzlich etwas, das Sie unbedingt brauchen und sich umgehend bauen müssen.

Netzwerk!
Beziehungen!
Kontakte!
(Und bitte nur die richtigen)
Knüpfen. Knüpfen. Knüpfen.

Kapitel 18

Die Kunst des Comebacks!

Wird schon klappen, irgendwie. So eine Tafel hat Moses damals nicht erhalten!

Wenn Sie es wieder zurück ins Rampenlicht, ins Büro, ins Plus, in eine wirklich harmonische Beziehung schaffen möchten, müssen Sie raus aus der Anonymität. Ich weiß, wir alle waten lieber im grauen Kollektiv – das Tun in der Mehrheit macht vieles Unerträgliche erträglicher. Wir haben etwas, nach dem wir uns richten können und sei es nur das Hinterteil des Vordermannes.

Sie wollen zurück auf die Bühne Ihres Lebens?

Ja, jetzt, wo es draußen und drinnen gerade bewölkt ist und ständig leichte Niederschläge auf Sie herabprasseln?

Dann machen wir es wie folgt. Untersuchungen haben festgestellt, dass Ärzte, die ihren Patienten die unheilbare Diagnose vermitteln müssen und dabei nicht ausschließlich sachgerecht argumentieren, sondern die teilhabenden Dialoge bevorzugen, die betreffende Klientel stressfreier wird und Informationen besser verarbeitet und behält.

Deshalb rufe ich Ihnen lauthals zu:

Sie sind ab jetzt nicht derjenige, der auf die Bühne will. Nein, die Bühne muss sich nach Ihnen richten!

Alles ohne Plan zählt ab jetzt nicht mehr. Wobei das mit den Plänen meiner Ansicht nach durchaus eine heikle Angelegenheit ist, aber diese Thematik legen wir vorerst beiseite.

Sie müssen dafür sorgen, dass man Sie für unabdingbar, unersetzlich hält. Sie sind der letzte rare Bodenschatz dieses Universums. Nur, wenn Sie diese Aura verbreiten, gleich, wie richtig oder falsch sie aktuell auch ist, wird man auf Sie aufmerksam werden. Sie interessiert beäugen und dann mit Aufträgen oder Offerten ködern. Denn man verspricht sich etwas von Ihnen!

Wenn Ihnen das nicht gelingt, sind Sie verloren und auf den leidigen Zufall angewiesen. Zufall empfehle ich nur Hasardeuren. Die pfeifen auf den Friedhof. Welchen Friedhof? Hinter jedem, der etwas vollbracht hat, befindet sich ein Friedhof der unzähligen Menschen, die es nicht auf die Reihe gebracht haben. Obwohl gleich talentiert. Gleich motiviert.

Vergessen Sie diesen Friedhof, diesen traurigen Treffpunkt derer, »die nicht weitermachten« niemals.

Vergegenwärtigen Sie sich jedoch immer Folgendes:

Narben verheilen und Blut gerinnt!

Es gibt da noch eine Tafel, die Moses niemals in den Händen hielt und dennoch existiert diese Religion:

Ich schaffe es nicht!

**Das ist die zu Buchstaben gewordene Decke, die
Sie sich über den Kopf ziehen und hoffen, dass es
angenehmer, wenigstens anders wird.**

Alle anderen sind immer viel besser, viel strukturierter, haben mehr Glück und deshalb macht das alles für mich keinen Sinn mehr. Realistisch betrachtet kann mein Plan sowieso niemals klappen.

Realisten sehen das Paradies immer nur mit Schlange!

Ich sage es mal so:

**Einmal auf den ersten Plätzen zu landen,
ist womöglich Glück. Mehrmals ist kein Dusel,
sondern Können und Tatkraft.**

Wie schlagen Sie zurück? Wie habe ich zurückgeschlagen? Natürlich lohnen zunächst eine möglichst realistische Selbsteinschätzung und Standortbestimmung.

Ich wusste damals, ich stand weit hinten in der Schlange des Lebensglückes. Streng genommen noch weiter hinten als bei meinem Start. Denn einst galt ich als erfrischender Newcomer. Doch nichts ist im Wettbewerb hinderlicher als eine gefallene Nachwuchshoffnung, ein nicht eingelöstes Versprechen, ein gesunkener Stern. Niemand wird Sie fragen, wieso Sie dahin kamen, wo Sie nun stehen. Und niemand wird es interessieren, dass Sie eventuell nichts dafür können. Das man Sie ohne Ihr Zutun ausradiert hatte, obwohl Sie fleißig und tatkräftig wie die Biene Maja unterwegs waren und einwandfreie Qualität und Quantität lieferten.

Man sieht Sie nur dort, ganz weit hinten in der Erfolgskette, bei denen, die selten etwas reißen.

Ich möchte Ihnen Illusionen rauben. Der allgemein herrschende Wettbewerbsdruck ist die Mutter aller Schläge, die Sie nun einstreichen werden und aushalten müssen. Die Dauer der Marter bestimmen Sie!

Natürlich sind Sie womöglich beraubt worden – nicht nur des angenehmen Kontostands und der lockeren Ableistungen Ihrer Raten für Auto, Haus und Privatschulgebühren Ihrer Kinder. Und wenn ich es eine Nummer kleiner mache, sind es eben die Kosten für die jährliche Versicherungsprämie oder der Urlaub auf Usedom. Eine Weile noch können Sie womöglich von Ihren Reserven zerren, wenn Sie denn welche angelegt haben, doch die Zeit wird gegen Sie spielen. Mit Erfolg!

Ich nahm erneut (wenn auch etwas groggy) Anlauf auf die Bastille meiner erfolgreichen Vergangenheit und taufte diese in Zukunft um. Geht ganz einfach, wenn man es denn möchte. Beim Anrennen nahm ich wissentlich Schlampereien in Kauf. Jetzt hieß es, bloß nicht in Vergessenheit zu geraten. Sie müssen die Bälle in der Luft halten.

Auf digitalen Plattformen können Sie sich aus der unmöglichsten Behausung und im schäbigsten Jogginganzug ins Gespräch bringen. Man sieht Sie erst, wenn Sie es möchten. Doch die wirklich, wirklich guten Jobs haben Sie dort nicht an der Angel. Die werden nach wie vor unter der Hand »face to face« verhandelt. Dorthin müssen Sie wieder kommen (bitte ohne Jogginghose).

Ich empfehle Ihnen die alte Schule. Oftmals verschrien, totgesagt oder müde belächelt, aber für einen Toparbeitsplatz müssen Sie meiner Meinung nach persönlich aus dem Quark kommen. Da reicht kein Computerbrief. Forschen Sie. Informieren Sie sich. Wen möchten Sie kontaktieren, um zurück ins Licht zu gelangen? Wo wohnt dieser Mensch? Was besitzt er für Vorlieben? Es macht schon Eindruck, wenn Sie die betreffende Person beim Joggen ansprechen und dafür extra Hunderte von Kilometern angereist sind. Ganz zu schweigen, die Laufrunde des Betreffenden herausgefunden zu haben. Hier macht es zudem Eindruck, wenn man das Tempo des Betreffenden mithält und sich dabei noch locker unterhalten kann. So unterstreichen Sie nicht nur Ihre ernsthaften Bemühungen, sondern Ihre Fitness (für den Job). Machen Sie sich die Mühe, den Landsitz eines wichtigen Kontakts aufzusuchen. Es geht natürlich auch etwas weniger exklusiv und preislich gesehen günstiger. Lieblingsbar. Lieblingsrestaurant. Absturzlokal. Es existieren unzählige Möglichkeiten, sich an den »opinion leader« Ihres Vertrauens heranzupirschen.

Sie mögen nun einwenden, dass diese Vorgehensweise penetrant wirken könnte. Ich muss Sie enttäuschen. Nein. Wenn Sie Ihren Charme, ein Lächeln und ein aufrichtiges Anliegen auf Ihrem Präsentierteller platzieren können, werden Sie verwundert die Augenbrauen hochziehen, was sich auf der Gegenseite alles tut. Die Menschen in der Oberliga aller Entscheidungsgewalt werden sich aufrichtig für Sie interessieren. Oftmals sind Sie sogar sehr höflich und zuvorkommend, und wenn Sie nicht nerven, werden Sie Ihren Aufwand honorieren. Natürlich gilt hier die allgemein gültige Regel, dass Sie vermutlich nicht mit einer einzigen Reise den ultimativen Coup landen werden, aber Sie können rascher Erfolgserlebnisse einfahren. Sei es nur ein heißer Tipp, ein vernünftiges Wort oder Hinweis von jemanden, der dort weilt, wo Sie wieder hinmöchten.

Versuchen Sie Ihr Glück in der analogen Welt.
Von Mensch zu Mensch.

Es ist keine neue Erkenntnis, aber meine wie auch die Ihrige Existenz ist darauf ausgelegt, sich persönlich mit anderen zusammenzutun, sich auszutauschen und wenn nötig, auch konstruktiv auseinanderzusetzen.

Kooperieren Sie!
Mit denen, die in Ihren Augen
unangefochtene Spitzenreiter sind.

Wie kam einer meiner Filme auf ein von mir überaus geschätztes Filmfestival? Ich bin zum Festivalchef gefahren, habe brav geläutet, meinen Diener gemacht und ihm kurz, bündig, aber höflich eine Kopie auf seinen Tisch gelegt. Dann bin ich gegangen und einige Wochen danach saß ich im Saal 3 und konnte meinen nach heutigen Maßstäben nicht wirklich übermäßig gelungenen Streifen betrachten.

Persönlicher Einsatz ist eine unbezwingbare Methode, sich ins Gespräch zu bringen. Ach ja, einen relativ berühmten deutschen Schauspieler habe ich in seinem Zweitwohnsitz mitten in New York City aufgesucht. Die Anschrift war nicht wirklich leicht herauszubekommen. Er gab mir sein »Ja« mit dem Zusatz »So was habe ich auch noch nicht erlebt. Dann muss ich Ihnen ja wirklich was wert sein!«

Auf Schauspielersuche im Land der
unbegrenzten Möglichkeiten!

Mit dem Deal wurde es letztendlich doch nichts, aber ich hatte etwas unternommen. Ja, diese Sache hat mich Geld, Mut und Zeit gekostet, die ich möglicherweise an anderer Stelle sinnvoller investiert hätte – aber ich wollte es tun. Es mir beweisen. Was auch immer. Da immer jemand jemanden anderen kennt, kam ich aus dem »Big Apple« mit weiteren losen Kontakten zurück. Ich begann, diese wie ein Staubsaugervertreter hartnäckig auf Gehalt abzuklopfen.

Meines Wissens ist noch niemand ein Zacken aus der Krone gebrochen, wenn er einen anderen um einen Gefallen bat. Ich will auch nicht mit jedem Menschenkind im Leben verbunden sein, aber einige Treuhänder sollten Sie sich schon zulegen.

Finden Sie die Balance zwischen Ihrem Bauchgefühl und dem, was Ihr Hirn dazu funkt. Denn oftmals liegt keiner völlig richtig und die Wahrheit in der Mitte. Wenn Sie monatelang mit einer Person netzwerken, die Sie mögen und die Sie auch leiden mag, ist das zweifelsohne romantisch. Sollte der oder die Betreffende jedoch keine Möglichkeit haben oder intensive Lust verspüren, Sie dorthin zu bringen, wohin es Sie treibt, ist es vergeudete Liebesmüh, für die Sie Ihre Freizeit opfern können, aber nicht Ihre Karriereoptimierung. Manchmal müssen Sie eben dem Stinkstiefel, der dann aber auch was für Sie tut, die Füße küssen.

Auch das Gegenteil von Wohlfühlen kann einen stimulieren und reizen!

Natürlich fiel und fällt es mir noch heute schwer, immer das große Miteinander zu sehen. Von meiner Natur her fühle ich mich als Einzelkämpfer. Als »Selfmademan« mit praxisnaher Hochschulreife! Aber ich musste lernen und das werden Sie auch müssen, sonst wird man es Sie leider schmerzhaft spüren lassen, weder Schlauheit noch Talent werden Sie entscheidend weiterbringen und überleben lassen – wenn Sie sich nicht ein eigenes kleines menschliches Netz gewoben haben. Blättern Sie gern zurück, dort sprach ich bereits von der eminenten Bedeutung eines tragfähigen Netzwerks.

Sicherlich werden manche unter Ihnen »Netzwerken« als weitere meiner leeren Phrasen ablegen. Dies kann in deren Weltanschauungen durchaus legitimiert sein. In meiner Welt steht persönlicher Kontakt, auch wenn er Mut erfordert, in der offenen Lebensglückskala nach oben ganz weit oben.

Lassen Sie Fingerspitzengefühl walten im Umgang mit Menschen, auf die Sie Ihr Spielgeld setzen.

Manipulation (die leider allerorts um sich greift) sollte nicht als allzu großes nützliches Instrument in Ihrem Werkzeugkoffer liegen. Der Versuch, andere dazu zu bringen, etwas für Sie zu tun oder über Sie zu denken oder zu fühlen, um Ihnen daraus Vorteile zu erschaffen, wird Sie früher oder später über die Klinge springen lassen. Und alte Rechnungen, die beglichen werden, sind oftmals die, für die Sie am meisten zahlen müssen. Die Egomanie, das eigene Streben ist immer nur eine Option – siehe Buddhismus, aber für dieses Spektrum bin ich nicht ausgebildet.

Seien Sie kein stiller, aber ein ehrlicher Held!
Agieren Sie niemals wie die Presse-Abteilung
einer Firma:
Kühl, höflich und distanziert!
Gehören Sie zu den Personen,
die man wegschickt
und dann dennoch von Ihnen träumt.

Hinter mir begann die Sonne wieder aufzugehen!

Kapitel 19

Der zweite Anlauf

»Aus und vorbei **sind doch nur zwölf aneinandergereihte Buchstaben ...**

U nd niemals ein Todesurteil oder Grund, den Kopf in den berühmten feinkörnigen Wüstenuntergrund zu stecken. Ich hatte es also zurück auf die Schiene des Gelingens geschafft. Und auch an dieser Stelle möchte ich Ihnen zurufen: »Was ich hinbekomme, vermögen auch Sie!«

Ich vermeide hier bewusst die abgegriffenen Begriffe »Erfolgsspur und Karrieresprung«.

Vermeiden Sie die Putzerfischmentalität!

Schönmachen oder schönreden führt meiner Ansicht nach zu nicht mehr als einer sauberen Windschutzscheibe. Schön ist Veränderung niemals. Veränderung ist unerträglich anstrengend. Das Gefühl, sich nicht vor dem großen Nirgendwo verstecken zu können, kann frappierend lähmen.

Im großen Riesenrad plötzlich festzusitzen, entweder oben oder unten – nur raus hier!

Versuchen Sie, nicht auf Biegen und Brechen gleich von dort aus starten zu wollen, wo man Sie ausgebremst hatte.

Oder anders formuliert: Wurden Sie von einer nahezu perfekten Frau verlassen, ist es sicherlich sinnvoll, nicht nach der selbigen zu forschen, sondern sich mutig auf einen möglicherweise nicht ganz idealen Partner einzulassen, der aber im entscheidenden Moment gegen alle Widerstände unbeirrt hinter Ihnen steht.

**Sehen Sie nicht nur die offenen Schönheiten
des Lebens, die klaren Offerten,
sondern auch die versteckten,
die eingehüllten Möglichkeiten,
die für den zweiten Blick.**

Und diese Frage wird früher oder später kommen:

**Entscheiden anstelle ausgeklügelter Pläne
am Ende doch nur die beiden Würfel
Zufall
und
Glück?**

Ich habe das lange konsequent verneint. Ich denke mittlerweile anders. Wir alle schmuggeln diese beiden Gesellen, ob wir wollen oder nicht, im Handgepäck mit.

Die Erkenntnis über eine gewisse Ungewissheit und Unsicherheit in allem Tun kann befreiend wirken. Löst die Verbissenheit.

Ich kam aus dem Bugatti und steuerte nun mehrere Kleinwagen, die mich nur stotternd und viel zu langsam für meinen Geschmack irgendwohin transportierten. Aber gleichzeitig war ich clever und relaxt genug, zu wissen, nein, zu ahnen, dass es immer besser im Leben ist, irgendwie mitzuspielen, als komplett auf der Auswechselbank zu versauern.

Kapitel 20

Die Probleme mit der Überqualifizierung und Fehleinschätzung.

I ch stellte fest, dass dort, wo ich war, gar keine Spitzenleistung erforderlich war, denn diese Menschen und deren Anforderungen an mich, waren andere.

Kleiner, nicht visionär. Das ist nicht weiter schlimm, nur damals machte mich das schier wahnsinnig. Ich wollte so viel mehr und scheiterte umso mehr.

Keiner zog in meinen Augen richtig mit. Ich konnte denen nicht liefern, was ich sollte und die konnten mir nicht geben, was ich wollte. Schon nach kurzer Zeit flog ich an der einen oder anderen Stelle raus oder ging freiwillig.

Machen Sie es sich nicht schwerer als nötig. Lehnen Sie Angebote, die null passen und nur Geld generieren, konsequent ab (auch wenn Sie den Schotter gut gebrauchen können).

Auf Teufel komm raus nur irgendwo irgendwie etwas meistern zu wollen, wird nicht Ihr Brustlöser für goldene Zeiten sein. Das kann ich Ihnen in die Hand versprechen.

Ein Rohrkrepierer bleibt ein Rohrkrepierer. Die Uhr tickt. Und tickt. Also schnell weg und weitergehen. Im idealen Falle überhaupt nicht auf diese glitzernden Fallstricke hereinfallen.

Unterfordern oder Überfordern sind zwei Kumpane des Misslingens.

Finden Sie bitte heraus, wer oder was Ihnen guttut – und was oder wer nicht.

Richtig oder falsch liegen oft nicht weit voneinander entfernt.

Weil wir gerade dabei sind, lernen Sie, ablehnende und zwiespältige Haltungen Ihnen gegenüber auszuhalten, dann lernen Sie auch, sich selbst besser zu ertragen. Und das hilft Ihnen ungemein, wieder nach oben ins Licht zu gelangen.

Irgendwann ist immer Jetzt!
Stampfen Sie Ihren Hedonismus ein!

Zum allerersten Mal die Meisterschaft zu erringen, ist wunderbar. Wenn Sie es erneut schaffen, den obersten Rang in Ihrer internen Frohsinnbilanz zu entern, sind die Gefühle, die Sie durchströmen, unbeschreiblich.

Marker Nummer eins: Sie sind wieder zurück. Ich war es auch. Gestatten, die personifizierte Aufbruchstimmung. Mein Bankberater wollte sich plötzlich wieder Kumpel nennen, obwohl er in den Zeiten meines Durchhängens nichts von sich hören ließ und stets in irgendeinem Meeting weilte, wenn ich um Erhöhung meiner Kreditlinie bat.

Ich wurde wieder an die Brust der Besserverdienenden gedrückt und schwor mir, nicht in die gleichen Fettnäpfchen meiner Naivität und meines Größenwahnsinns zu tappen. Denn diese ganze Plackerei sollte diesmal von entschieden längerer Verweildauer sein.

Ich rate Ihnen, sich täglich daran zu entsinnen, wie heftig die Abfolge vergangener Wagnisse und Anstrengungen Sie forderten. Ein nochmaliger Totalabsturz darf sich niemals, ich betone, niemals mehr wiederholen. Ich verbiete Ihnen nicht, in alte lieb gewonnene Muster zurückzufallen – Sie sind ja vermutlich volljährig.

Frönen Sie dem Konsumwahn und dem Luxusgebaren, aber gestehen Sie diesen nur ein Quäntchen Zeit pro Tag oder Woche zu. Vielleicht ertappen Sie sich ja auch dabei, ich tat es jedenfalls, mich plötzlich auf andere Dinge zu konzentrieren und mich mit an sich komplett unsinnigen Aktionen wie Shoppen in der Luxusmeile zu besänftigen.

Verstehen wir uns bitte nicht falsch – jeder von uns besitzt geheime Lüste. Wenn Sie in der Lage dazu sind, diese zu befriedigen, tun Sie es, aber falls möglich zum idealen Zeitpunkt und dann mit Sinn und Verstand.

Wann Sie loslegen, ist Ihre Entscheidung. Für die einen ist es eine Zahl auf dem Sparbuch, für die anderen ein erreichtes Lebensalter. Als meine Kinder das Licht der Welt erblickten, kam für mich die Zeit, meine Sehnsucht nach Süden, Sonne und Licht endgültig zu stillen, aber das ist für Sie aktuell noch keine Option.

Sie befinden sich noch nicht beim Zuckerbrot. Für Sie heißt es, die Peitsche knallen zu lassen.

Kapitel 21

**Innovation und Elan sollten für Sie keine
Morgenroutine werden.**

nach meinem gelungenen Comeback plusterte ich mich wie ein eitler Pfau auf und nahm mit, was kam. Ich rede nicht vom Jetset-Leben, sondern von Arbeit, Aufträgen und all dem anderen Kram, der Einkünfte generiert und mich Stück für Stück ans mediterrane Leben führte! Der Pool war zurückerobert! Und alle guten Vorsätze über Bord geworfen!

Das Lächeln kehrt zurück!

Je mehr Kartoffeln du essen möchtest, desto mehr
musst du auch schälen!

Und ich schälte und schälte auf Teufel komm raus ...

Zukünftiges Glück ist leider unbeherrschbar, vage.
Eine bösartige Schimäre.
Zukunft ist niemals
eine planbare Reise von hier nach dort.

Ich tat es dennoch. Rannte wieder imaginären Zielen entgegen – nein, hinterher –, von denen ich überhaupt nicht wusste, ob diese mich über eine verlängerte Urlaubszeit überhaupt befriedigen konnten. Abenteuer, Freiheit und Party – so etwas klingt natürlich deutlich vielversprechender, als um 10.00 Uhr morgens, auf einen Temin wartend, in einer Kantine (»Die Verantwortlichen verspäten sich leider. Trinken Sie doch noch einen Kaffee.«) eines Konzerns herumzulungern, um noch einen mittelprächtigen Auftrag an Land zu ziehen.

Schnell fühlte ich mich für so etwas zu fein! Ich war wie versessen darauf, ins Ausland namens Schlaraffenland zu gehen.

Neue Hobbys entdecken oder alte ausbauen, eine Sprache verbessern oder eine neue erlernen, Spontaneität wiederbeleben – all diese Dinge entpuppten sich nach circa 14 Monaten als eine interne Bankrotterklärung. Ich war durch mit den glorreichen Verheißungen vom Paradies unter Palmen. Und dann nervte diese verdammte, herrliche Sonne jeden Tag.

Die Tage zerbröseln Ihnen plötzlich unter den Händen. Werden noch trivialer und öder, als dort, wo Sie hergekommen sind. Um Sie herum sehen Sie täglich die immer identisch zwanghaft gut gelaunten Gestalten, die alle so öde drauf sind wie Sie.

Die Probleme möchte ich gern haben, denken Sie? Nein, wollen Sie nicht, believe me!

Innere Leere. Äußere Leere. Da können Sie am wunderschönsten Ort der Welt residieren, die gleichförmige Urlaubsblase kriegt jeden. Ich, der Liebling der hiesigen Beachbars, drehte sich immer schneller und schneller. Bis mir übel wurde und ich nicht mal mehr mein Spiegelbild ertrug. Ich witterte Verrat an meiner Spitzenidee. Dann witterte ich Verrat an der schönen Welt um mich herum und letztendlich Verrat an mir selbst.

Mein Hedonismus schrumpfte auf die Größe eines Atomkerns.

Da hockte ich nun im Sehnsuchtsort vieler und wusste nicht mehr ein und aus.

Ich hatte mich ins süße Leben zurückgekämpft, war emsig gewesen und nun dieses mediterrane Debakel. Es waren eben die fehlenden Relationen. Die stimmigen Gewichte in mir waren brüchig.

Ich entschied, weniger auf die Kacke zu hauen, wenn Sie mir diesen flapsigen Ton an dieser Stelle bitte nachsehen, und etwas mehr an den Tag zu legen, als am Strand joggen zu gehen und irgendein hoch dotiertes x-beliebiges Buch für irgendeinen x-beliebigen mehr oder weniger renommierten Verlag zu verfassen.

Das eigene Sein als eine Louis Vuitton Werbeanzeige zu kredenzen, ist in der Tat hübsch und anregend – aber damit wären wir auch schon am Ende aller Gefühle.

Sinnfreies Leben
ist ein stetig schwellender Vulkan
verschwendeter Tage!

Klingt zwar nach einem seichten Titel der Regenbogenpresse, stimmt aber trotzdem.

Wo bleiben Ihre Augenblicke? Ihre wirklichen Wagnisse? Ihr mehr als nur kurz aufflackerndes Mitgefühl? Kein routinierter Griff zum Terminkalender, kein schwerfälliges Hin und Her. Der Druck zum tatsächlichen Handeln in mir erhöhte sich, trotz unschlagbarer Lebensqualität.

Warum?

Womöglich lag es an folgendem Umstand. Freunde von mir erlangten andere Erkenntnisse über ein gelungenes Leben. Und ich war mir stets zu schade, nachzuprüfen, ob in deren Ergebnissen ein Gran Wahrheit lag, auf das ich bisher nicht gekommen war.

Dann traf (mich) dieser Tropfen diesen heißen (Winter)stein. Eine Freundin erzählte mir, was ihr Leben reicher macht. Morgens um 3.47 Uhr aufzuwachen und nachzurechnen, wie lange Sie denn noch schlafen darf, bis es zur Arbeit geht. Plötzlich fällt ihr ein, das Wochenende ist und Sie so lange im Bett bleiben darf, wie Sie möchte.

Mein Leben bestand nur aus Wochenenden!

Ich hatte meinen tagtäglichen Glücksumstand nur beiläufig zur Kenntnis genommen, wenn überhaupt registriert. Es ... ich musste etwas ändern. Ich musste mich ändern, wollte ich nicht als wohlstandverwahrloster Paradiesvogel enden.

Nein, nun kommt nicht die herzerwärmende Geschichte vom Altruisten, der die ganze Menschheit beglückt und Mutter Teresa beerben wollte.

Ich habe wieder einmal klein angefangen. Bin immer noch surfen gegangen und habe immer noch mein Geld und meine Zeit für die sogenannten unnützen Dinge vertan. Doch der Tag hat 24 Stunden, das haben wir alle in der Schule gelernt. Ich begann, mir Zeit für anderes zu geben.

Dass muss nicht gleich eine selbst gebaute Wasserleitung quer durch dürre afrikanische Regionen sein. Auch habe ich nicht alle vom »normalen« Leben abgeschnittenen Existenzen in meinem Umfeld retten können. Ich habe auch keine für mich steuerbegünstige Stiftung gegründet, die das Flair von Freigiebigkeit verbreitet. Auch eine pompöse Charity-Party auf dem Golfplatz streichen Sie bitte von Ihrer Liste.

Ich wandte mich der Umwelt zu. Fand Zeit und Muße, mich der mehr und mehr vom Tourismus strapazierten Botanik zu widmen und finanziell zu engagieren. Ich staunte nicht schlecht. Es tat überhaupt nicht weh.

**Starten Sie brauchbare Aktionen,
die fern von Ihrem Ego oder einem sich erkauften
guten Gewissen angesiedelt sind.**

Diese für mich sinnvollen Schnipsel, die ich nun öfter in meinen Alltag streue, erweisen sich, trotz finanzieller Kosten, als kostbar und wenn Sie so wollen, auch als lohnende Investition in mein Seelenlagenkonto, was sich dann ungewollt, aber dennoch in der Qualität meines Schaffens widerspiegelte. Und somit sind wir erneut beim Ringelreihen tanzen.

Gutes inwendiges Gefühl

**= Gute Qualitätsarbeit
= Gutes Einkommen
= Gutes Leben**

Wenn Sie in einer Sache richtig prima sind, es Ihr Ding ist und Sie es darin zu Lob und Ehren gebracht haben, werden Sie in einer anderen Angelegenheit unbedingt Schüler. Solch ein Streben untermauert Ihre Position in obiger

Gleichung. Übrigens ist es vollkommen gleich, worin Sie in der Champions League spielen. Sie können Brunnenbauer oder Transportmaschinenkonstrukteur zum Mars sein. Nur seien Sie eben fähig dazu. Die Orientierung nach hinten, ist immer der Blick nach unten.

**Der Blick nach unten ist gleichbedeutend
mit einer danebengeratenen Wette.
Gehen Sie diesen Einsatz niemals ein!**

Kapitel 22

Sich kleinmachen, die Devise der »Low Performer«

Ich mag die Begrifflichkeit »Denken Sie immer und ausschließlich groß« eigentlich nicht so gern, auch wenn sie in diesem Werk auftaucht. Vielmehr möchte ich Sie ermuntern, und das gilt von Anfang an, sich aus den Fesseln Ihrer Vergangenheit zu lösen. Gänzlich davon befreien können wir uns vermutlich nie, wenn ich diese – ich räume dies gern ein – kleine Küchenpsychologie verlautbaren darf.

Ich beschritt unzählige neue Wege und behielt doch viel zu viele Eigenheiten und Techniken aus meinem alten Leben bei. Das empfehle ich nicht.

Es ist schwer, eingefahrene Muster abzuschütteln, aber diese werden Ihnen früher oder später auf die Füße fallen. Ich habe immens an Zeit verloren, indem ich nicht die großen Knöpfe gedrückt habe. Immer nestelte ich an den kleinen Hebeln herum – vergebliche Liebesmüh. Und ich nahm die Meinung anderer immer viel zu wichtig. Die, die immer alles besser wussten, die alles bereits vorhersahen, die immer einen besseren Marschplan parat hatten und seltsamerweise trotzdem nichts rissen.

Für die Meinung anderer
können Sie sich nichts kaufen.

Ja, es kann immer etwas passieren. Es passiert jeden Tag irgendetwas, aber wollen Sie fabrikneu sterben?

**Wenn was richtig schiefgeht,
sind Sie richtig fertig.**

Mag durchaus so sein, ja. Aber wenn Sie gar nichts wagen und sich zutrauen, sind Sie (aus)geliefert. Ein Opfer Ihrer selbst. Mein Großvater sagte zu mir: »Wer Angst in der Dunkelheit hat, oder vor dem Alleinsein, sollte eventuell nicht nachts in den Wald oder Keller gehen. Wer sich jedoch hineinwagt, könnte womöglich mit einem Abenteuer belohnt werden«.

Neutralisieren Sie Ihre Furcht!

**Mutig sein
ist ein gewaltiger Teil selbstbestimmten Lebens!
Blenden Sie all die Schwarzseher, Zauderer
und Runterzieher, die Ihren Weg wissentlich oder
zufällig kreuzen, aus!
Ausnahmslos! Jetzt!**

Wenn Sie das nämlich nicht tun, werden Ihre Heldenmomente zunehmend unspektakulärer. Wenn Sie einmal von Ihrem Tun zu früh wegsehen, zu früh ablassen, kann es schon zu spät sein.

Ich habe nicht sehr viele Geheimformeln in diesem Buch für Sie, aber einige will ich Ihnen dennoch mit auf

Ihren Weg geben. Alle diese Typen, vor denen ich Sie gerade eindringlich gewarnt habe, leiden unter Druck. Ich entspanne mittlerweile unter Druck. Wenn alle total relaxt in der Ecke hängen und mit dem Wehklagen über dies oder jenes beginnen, spanne ich an.

Drängen Sie unbedingt in Richtung des Sturmes, der Ihnen entgegenbraust. Mit den anderen wegwehen lassen, sollte keinen Stellenwert erlangen! Es sei denn, Sie möchten es zur Meisterschaft der »Fähnlein im Winde« bringen. Hier ist die Konkurrenz sehr groß.

Kapitel 23

Murren und Scharren

Ich denke mindestens einmal im Leben sollte jeder nicht mehr wissen, wie es weitergeht. Dieses Gefühl darf ruhig ein oder zwei Tage lang anhalten, dann aber heißt es, den Schlüssel ins Schloss stecken und umdrehen! Vollgas!

Wie kann Aufbruch gehen?

Neue Pfade entstehen beim Loslaufen oder: »An einer Kreuzung lagen zwei Wege vor mir, ein befahrener und eine unbekannte, völlig unebene Fährte. Ich entschied mich für die mit Risiken behaftete Richtung«. Solche aus den müden Mündern der Ratlosen stammenden Plattitüden eignen sich für Kalendersprüche (ich habe auch einige von dieser Sorte in meinem Buch – die sind, mit Verlaub, ein wenig besser).

Da stand ich nun nach all den Wirrungen und Irrungen, den Schnitten, den Neuanfängen mit meiner Patek Philippe Uhr am Handgelenk und frauenbetörendem Gefährt. Ich musste mir wieder einmal eingestehen, dass mein Leben nur eine schlechte Improvisation darstellte.

Wälzte ich mich vor Monaten noch im Bett wegen ansteigender Erfolgslosigkeit und Existenzsorgen, hatte ich nun schlaflose Nächte und keine Energie mehr, um mich aus meiner mondänen Glitzerwelt zu befreien. Ein Teufelskreis. Labyrinths existieren überall, gleichgültig, wo Sie sich gerade im gesellschaftlichen Treiben befinden. Sie können als alleinerziehende Mutter mit drei Jobs und ebenso vielen Kindern in einer Zweizimmerwohnung genauso verzweifelt oder fröhlich sein, wie als stinkreicher Kreativer in einem geräumigen Penthouse in Strandnähe.

Ich wollte das Richtige tun. Nur was war das Richtige? Was ist das Richtige im Leben? Liebe? Zeit? Erfolg? Erlösung?

Setzen Sie im Zweifelsfall auf Ihre Muster und Ihre Emotionen, niemals nur auf nüchterne Analytik!

Es war endgültig an der Zeit, eisernen Willen zu aktivieren und ein Wagnis einzugehen. Leichter gesagt als getan. Zu beiden gehört Selbstverantwortung, der viel beschworene Canossagang ins Unbekannte, eine aufopferungsvolle Leistung gepaart mit höchstem persönlichem Risiko. Na, klingt doch vielsprechend, oder? Die Liste von Nebenwirkungen in diesem spektakulären Trip erspare ich Ihnen. Ich möchte ja nicht, dass Sie mir von der Fahne gehen.

**Abenteurer sind niemals Spieler,
die nur auf reinen Nervenkitzel aus sind,
sondern Menschen, die in dunklen
wie in angenehmen Lagen etwas erkennen,
vermögen, eine letzte Chance zu sehen, eine einmalige
Gelegenheit ergreifen und nutzen!**

Ich wollte wieder einen Spielfilm drehen. Ohne Förde-rung. Ohne Sendeanstalt. Ohne Verleiher. Ich wusste um meine Talente. Ich erschuf mir eine Allianz zwischen der Schönheit des Schaffens und Glaubens. Plötzlich erhob sich eine Welle des Gelingens, auf der ich ritt und alle anderen mitzog. Fast hatte ich dieses Gefühl, das ich aus meinen Anfangszeiten kannte, verloren – doch nun spürte ich es wieder. Stärker als je zuvor. Eine Harmonie, die das Verbindende und nicht das Trennende zum Zentrum des eigenen Tuns machte.

»Es ist tatsächlich so, dass man trotz aller Katastrophen annehmen muss, dass hinter der nächsten Ecke irgendwelche Wunder sind, mit denen wir nicht gerechnet haben!«
(W.G. Sebald)

Wenn Sie nicht schon Glück bei der Geburt haben, heißt es eben, dem Hirngespinst zu glauben, das Gott die Dynamischen, die Erfolgreichen, die Fleißigen bevor-zugt. Ich glaube nicht an den Antrieb und die Gültigkeit solcher Glaubenssätze. Ich bin eher leidenschaftlicher Anhänger vom gewissen Etwas, den abrupten Kehrt-wendungen.

Ich glaube an die entscheidenden 15 Sekunden, in denen die mutigsten Entscheidungen gefällt werden müssen. Kurzum, ich glaube an die schmerzhaften Lekti-onen, die es bei allem Gelingen bedarf. Wer sich dennoch nicht aufhalten lässt, gerät schnell auf unbekanntes Terrain. Und unbekanntes Terrain ist immer gut. Rutschiges Geläuf wird Sie im Zweifelsfalle weiterbringen.

Es geht im Endeffekt nur darum, an die eigene Handlungsfähigkeit zu glauben und daran, dass Sie auch in widrigen Phasen die Zügel fest in den Händen halten. Wenn Sie überfordert vom Bock purzeln, kippt die ganze Kutsche und wenig später die gesamte Wagenburg.

Es wird auch belastende Perioden geben, zuweilen wird es sogar in die Überbelastung gehen. Dranbleiben, egal, was Ihnen an schlimmen Dingen widerfährt. Beachten Sie die Konsequenzen! Die Konsequenzen zu kennen bedeutet, rigide zu erkennen, wenn etwas in die falsche Richtung läuft und dann, wenn nötig, schmerzhafte Entscheidungen zu treffen. Hätte ich mit meinem Film blindlings weitergemacht, nur um mein Ding durchzuziehen und vorn wie hinten hätte nichts gepasst, wäre das nur ein sehr egozentrischer Eiertanz gewesen. Abzuheften unter der Rubrik: Netter Versuch, aber nutzlos.

Gelingen lässt sich in drei Worten zusammenfassen:
Übung.
Tun.
Übung.

Den berühmten »lucky punch« – den Glückstreffer streichen Sie weg. Der existiert nur in den überstrapazierten Heldengeschichten.

Ja, ich hatte Angst. Angst, es doch nicht zu Ende zu bringen.

Am Ende bleibt oftmals niemand,
der Ihnen das Ende erzählt.
Am Ende entscheiden Sie allein,
ob Feuer Ihnen in Sachen »Brennen« Konkurrenz
macht oder nicht.

Das macht alles leichter!
Vielleicht sitzt in der hintersten Reihe Ihres Lebens
jemand, der Sie liebt und Ihnen zunickt – bedeutet,
weiterzumachen.
Aber diesen Menschen zu finden,
braucht es mehr als Glück, Geld und Gelingen.
Ich wünsche es Ihnen!

Deshalb ist es so immens wichtig, dass Sie sich von äußeren Umständen frei machen und auch von oberflächli-
chen Claqueuren. Es geht darum, »die Energiezombies
um Sie herum« mattzusetzen. Weg mit den Minusmen-
schen. Und seien Sie im Davonjagen komplett angstfrei.

Angst bedeutet nicht feige sein.
Feiglinge verkriechen sich unter ihrer Decke.

Seien Sie obsessiv. Obsession ist mein Antrieb, das Geheimnis meiner Willensstärke. Ich lasse mir nicht reinreden, ob
dieses oder jenes nicht gehen kann, so werden Träume
niemals zur Realität. Und verwechseln Sie Ihre Selbstopti-
mierung nicht mit Selbstbewusstsein. Schnappen Sie daher
auch nicht nach jeder Wurst, die man Ihnen hinhält.

Es geht nie darum, etwas zu werden, sondern etwas zu sein. Sie verlassen niemals Jobs oder Karrieren, Sie verlassen Menschen, die nicht ins Bild passen.
Essen Sie Schimmeliges?
Nein?
Schneiden Sie weg!
Tun Sie es rigide!

Und bitte – lassen Sie sich nicht von billigen Angeboten und vagen Versprechen ablenken! Nur die lebenserhaltenden Maßnahmen wie Essen, Trinken und Schlafen sind erlaubt. Es ist ja nur eine gewisse Zeitspanne, in der Sie alle störenden Faktoren und Nebengeräusche ausblenden.

Als Newcomer auf allen Gebieten, der kräftig durchlüften möchte, wird es mühselig.
Denn alte Krähen (auch eingeschliffene Rituale genannt) hacken anderen alten Krähen nur ungern ein Auge aus!

Die Welt wartete nicht auf mich. Selbiges gilt für Sie, sofern Sie nicht Gustav Gans an Ihrer Seite haben.

Ich habe mich jedenfalls nicht damit aufgehalten, auf Zufälle zu hoffen, nie auf Zusagen gewartet, die dann doch mittels schwammiger Ausreden im letzten Augenblick zurückgezogen wurden. Ich habe vielmehr daran geglaubt, dass meine Schaffenskraft die trägen Mühlräder derjenigen, die mich gut finden und gebrauchen können, antreibt. Wenn Sie auf diese Gattung Mensch treffen, geht alles leicht von der Hand und der viel beschworene »Elevator Pitch« bleibt nicht nur ein praxisfernes Konzept. Sie werden nicht viele Worte benötigen, um mit »den Richtigen« nach oben zu sausen. Und es wird nicht viel länger dauern als eine Aufzugsfahrt.

**Viele glauben nur an das Comeback
des eigenen Schlafanzugs.**

Damit will ich Ihnen verdeutlichen, dass weit mehr Schnarchnasen unterwegs sind, als Ihnen lieb und teuer sein kann. Sie wollen die Welt verändern und Ihnen sitzt jemand gegenüber, der lieber das Banale feiert. Diese Menschen können Sie gar nicht verstehen! Sie werden Ihnen niemals Unterstützung zuteilwerden lassen. Und wenn doch, wird es meist nur eine sehr kurzfristige Zusammenarbeit!

Wenn Sie mich nun fragen, wer sind denn die? Das müssen Sie allein herausfinden. Scharen Sie die raren Guten um sich.

**Es gibt immer zwei Sorten von Menschen.
Die, die talentiert und fleißig arbeiten und die,
die sich die Lorbeeren für diese Arbeit einheimsen.
In der ersten Gruppe
gibt es weit weniger Konkurrenz!
(Indira Ghandi, 1917–1984)**

London UK

Noch Fragen?

Liliana Baeza Rox
Asistente de Programación
Festival Internacional de Cine de Guanajuato,
Expresión en Corto
Fabrica La Aurora, Local 5-B, Col. Aurora
San Miguel de Allende, Gto.
México C.P. 37700
Tel. +52 (415) 152 72 64

Mexiko is calling.

Inhaltsverzeichnis
Titel - Regisseur - Land

Klein, aber fein!

Kapitel 24

In Sachen Energie!

D er Glanz des Altbewährten besaß für mich mittlerweile einen zweifelhaften Ruf. Mein Wohnsitz ein einziger Imageschaden fürs Gelingen. Ich wollte dort weder wohnen noch sitzen. Ein weiterer Umzug stand auf der Tagesordnung. Wohin es Sie zieht, spielt nur eine untergeordnete Rolle. Wichtig bei einem Ortswechsel sind Distanz und Herausforderung. Von einem Körbchen ins nächste Körbchen zu huschen, wird außer immensen Aufwand und Kosten wenig bringen. Ich bin kein Riesenanhänger der ständigen Veränderung des Lebensbereichs, doch ich möchte nicht leugnen, dass es etwas bringt – weiterbringt. Eine neue Stadt, Metropole oder ein Kuhdorf im Nirgendwo kann Leben wecken. Er putscht einen voll mit Adrenalin und Stresshormonen, dass jeder Tag, wie ein furioses Finale im Armageddon anrauscht. Das Zurechtfinden, das Einprägen von Routen und Lokalen, die man zum ersten Mal besucht und einen dann am liebsten sind. Das Fremdartige erzeugt positive Nervosität, die mich in den ersten Monaten auch nachts hochgedimmt hält – ich liebe es. Woche für Woche leben Sie sich mehr ein – fühlen sich bereits wie ein langjähriger Einheimischer und ganz wilder Geselle, der Neuankömmlinge nur müde belächelt. Sie werden in diesen Anfangsphasen wahre Kreativschübe geboten bekommen und falls Sie beruflich so gar nichts mit Kreativität anfangen können und wollen, so what? Dann werden Sie eben als neuer Abteilungsleiter gepusht und federn jeden Tag an Ihre neue Arbeitsstelle, die Ihnen zuflog wie jene Idee, einfach mal etwas Neues wie einen plötzlichen Umzug zu wagen. Wer, außer Sie selbst, will schon über Sie richten?

Sagen Sie mir nicht,
dass Sie etwas Unkonventionelles gern täten,
aber keinen Plan B dafür besitzen!

Wer ständig Ausflüchte zu sich einlädt, sollte sich nicht wundern, dass sie wie alte Gespenster Ihrer Vergangenheit, gern etwas länger bleiben. Ich kenne aus eigener Erfahrung die unbändige Anstrengung, sich weg vom sicheren Ufer zu bewegen. Und ich respektiere alle Menschen, die sich für einen vermeintlich einfachen Weg entscheiden. Nur, Sie müssen schon rausgehen und sich etwas schnappen – nur in den seltensten Fällen klingelt der Lieferdienst an Ihrer Haustür. Und wenn doch, hat er meistens nur lauwarme Pizza im Angebot.

Hören Sie auf, ständig zu viel zu bezahlen. Wir bezahlen permanent drauf. Viel Schokolade bezahlt man mit einem dicken Bauch. Bewegungsfreiheit mit zigtausend Verkehrstoten. Die leckeren ausländischen Angebote im Delikatessengeschäft mit schlechter Luft in der Großstadt.

Zahlen Sie endlich ein! Auf Ihr Lebenskonto. Und das funktioniert mit einem Plan B nie im Leben.

Mit Plan B erreichen Sie außer Selbstzweifel wenig.

Für alle, die jetzt sagen »Ich bin zufrieden«, habe ich ein paar Gedankenanstöße:

Hadern wir nicht alle ab einem gewissen Alter mit dem Job, dem Ort, an dem wir leben, und an den Menschen, die uns umgeben? Ja, es fällt schwer, dies zuzugeben, doch verlieren Sie nicht mehr und mehr an Schwung? Reiben Sie sich an manchen Dingen, die so fürchterlich banal sind? Ginge das vielleicht nicht auch alles ganz anders? Diese hämmernde Frage früh morgens um 4:15 Uhr?

Wagen Sie etwas. Der Glückszuwachs ist enorm. Es gibt noch einen wunderbaren zusätzlichen Effekt an der ganzen Sache mit radikalen Veränderungen. Sie lernen Seiten an sich kennen, die Sie nie für existent gehalten hätten. So etwas verbuche ich unter: »Äußerst angenehm«.

Ihre Entscheidung: Den Boden unter den Füßen verlieren oder ihn zum ersten Mal richtig spüren!

Ich stellte mir völlig neue Fragen. Ich kann hier nicht alle auflisten, doch einige möchte ich Ihnen vorstellen. Beantworten Sie diese genauso ehrlich wie ich vor circa 30 Jahren und ziehen dann Ihre Schlüsse daraus. Das kann ich Ihnen nicht abnehmen und will ich Ihnen auch nicht ersparen.

Ich war damals zwar volljährig auf dem Papier, aber nicht in der Realität, auch wenn ich damals bei der Unterstellung »Ich benehme mich wie ein (großes) Kind« sofort mein verbales Schnappmesser gezogen hätte.

- Welchen Gefühlen wollen Sie trauen?
- Wie lebe ich mit einem Traum, der sich scheinbar nicht erfüllen wird?
- Knüpfe ich mit Serien oder mit Büchern eine Beziehung?
- Haben mich meine Ziele mehr verändert als ich meine Ziele?
- Wenn ich versuchen würde, mein Paradies zu suchen, wo würde ich es finden?
- Würde ich lieber mein Leben oder etwas anderes neu beginnen?
- Will ich noch etwas tun, was meine Nerven kitzelt und lebensgefährlich ist?

Ich hätte mich an alter Wirkungsstätte, meinem alten Umfeld niemals auf dieses Prozedere eingelassen. Der Tapetenwechsel hatte sich gelohnt. Springen Sie möglichst niemals zweimal in den gleichen See, auch wenn es Freude bereitet.

Ich hatte die lukrative Möglichkeit, nun weitere Filme zu drehen, doch eine murrende Stimme in mir verbot es mir. Meine sogenannten Freunde schüttelten nur die Köpfe. Die wirklichen Freunde konnten es nachvollziehen.

Wären wir wieder beim Thema: Spielen Sie bitte nur im exakt idealen Team. Wenn Sie keines auftun, dann lassen Sie das Spielen. Wenn Sie mit Tröten auf dem Platz unterwegs sind, sind Sie mit Tröten unterwegs. Suchen Sie sich

Leute mit Weitblick und Loyalität, Ehrlichkeit. Leute, die gern im eigenen Saft schmoren, landen bitte in Ihrem Abseits. Machen Sie hier keine Zugeständnisse und halten Sie den Kopf hoch. Alles wird sich fügen! Das Leben wird Sie in Expeditionskorpsgröße mutieren lassen!

Egal, ob dunkle oder helle Wolken,
es bleiben Wolken!

Kapitel 25

Was, jetzt schon wieder?
Der Millionencoup?!

**Halten Sie die Augen auf, aber wenden Sie den Blick
bei der Entscheidung zuerst nach innen.
Schalten Sie Ihr Innenlicht ein.**

Erste Zwischenbilanz: Ich hatte mich nach oben gearbeitet, bin hoch geflogen, wurde abgeschossen – habe ein anständiges Comeback hingelegt, wurde zum Privatier, der sich dazu eigentlich nicht eignete und riss das Ruder erneut herum. Wieder im Geschäft – neue Stadt – neue Projekte – unabhängig und ein wenig crazy und lazy.

Zwischen allen Stühlen!

Mitten in dieser Verwirklichung erhielt ich einen Anruf von einem Verlag, der hauptsächlich im Kinderbereich unterwegs und europäischer Marktführer war. Der Name genoss in den eingeschworenen Kreisen einen blendenden Ruf. Sie würden gern mal mit mir sprechen.

Da haben wir bereits zwei wichtige Spielregeln. Unterschätzen Sie nie den Lauf der Zeit und den Faktor Zufall. Ich, mittlerweile langsam auf die 30 zugehend, hatte diesen Kontakt längst vergessen. Manchmal dauert es eben. Unglücklicherweise hatte ich im Augenblick so überhaupt keine Lust auf eine erneute Kehrtwendung. Ich ritt gerade den Bullen und sollte auf ein buntes Kinderkarussell wechseln?

Hier kommt die ultimative Spielregel:

Hören Sie sich alles erst einmal an.

Natürlich hätte ich großkotzig ablehnen können und ich war ehrlich gesagt auch nahe dran, – aber hier helfen nun mal wieder die richtigen Freunde oder der richtige Partner, der seine Hand sanft auf die Schulter legt und sagt: »Absagen kannst du noch immer!«

Also nahm ich eine Fahrt quer durchs ganze Land in Kauf und ahnte noch nicht, wie sehr diese mein künftiges Leben ändern würde.

Oben und unten können jederzeit ihre Plätze tauschen!

Die nächste Maus.
Die letzte, große Liebe?

Ich lernte die Chefredakteurin kennen. Es knirschte keinen Moment. Eine Verbindung war von Anfang an hergestellt. So manches, aber insbesondere diese magischen Momente, bleiben für mich unlösbare Rätsel. Ich habe es für mich bei folgender Erklärung belassen. Die einen können dich riechen und du sie und bei den anderen, reden

Menschen miteinander, die auf verschiedenen Planeten leben. Bei letzteren suchen Sie bitte, sofern Sie wirtschaftlich dazu in der Lage sind, schleunigst das Hintertürchen, gleichgültig, wie lukrativ und interessant das Arbeitsangebot auch daherkommt.

Inspirierende Menschen zu finden ist anstrengend!
Aber es lohnt. Andere werden voller Staunen raunen:
»Wow! Echt? Wie habt Ihr das denn hinbekommen?«

Diese Frau glaubte an mich, obwohl wir uns gerade mal 15 Minuten gegenübersaßen – bedingungslos – keine Ahnung, ob Sie damals intern mit dem Rücken zur Wand stand und keine Fachkraft für diese Aufgabe besaß oder abstellen konnte. Solche Situationen motivieren mich ungemein und kriegen mich in null Komma nichts.

Es existieren in Ihrem beruflichen Leben (zählen Sie ruhig nach) nur eine Handvoll (wenn überhaupt) wertvoller Menschen. Es wird Ihnen nicht zu Ihrem Nachteil sein, wenn Sie solche Leuchtfeuer finden und binden. Es muss ja nicht immer zwangsläufig eine private Freundschaft daraus werden. Ich unterteile da sehr genau. Und diese Menschen tun es auch. Manche sieze ich noch nach zwanzig Jahren und trotzdem kann ich auf ihren Rat und ihre Hilfe vertrauen.

Trotz aller Sympathie wurden wir uns im eigentlichen Projekt dennoch nicht einig. Die Gründe kann ich heute nicht mehr nennen – verlangte ich zu viel Honorar, zu viel künstlerische Freiheit – egal, es wurde eben nichts daraus.

Dann hörte ich im Gehen diesen entscheidenden, bahnbrechenden Satz.

»Sagen Sie mal, kennen Sie diese Figur?«

Ich stutzte und wandte mich zu ihr um. Ja, diese Figur kannte ich, aber um Himmels willen, was sollte ich mit dieser zu tun haben? Ich, kreativer Hexenmeister einer deutschen Metropole. Und nun stand ich da, mitten in der südlichsten Pampa und hob beschwörend die Hände. »Das kann ich nicht, nicht mehr mein Metier«, stammelte ich.

Doch die Chefredakteurin lächelte und schoss nun ihre gewinnbringende Breitsalve ab. Monstergage, alleiniges kreatives Leadership, exklusiv in alleiniger Absprache mit dem Schöpfer der Figur. Dieser besaß die Schlussabnahme. Keine zwischengeschalteten Instanzen. Garniert mit zwei Assistentinnen. Ich musste nicht mal in die Pampa ziehen. Sie wollten outsourcen und da käme ich gerade recht.

Ich erbat mir eine Nacht Bedenkzeit und wankte dann mit einem Stapel Informationen aus der Tür.

Mit einem Fingerschnipp hatte sich die Weltgeschichte für mich wieder mal gedreht und das Schlimmste war – ich ahnte meine Entscheidung bereits. Es klang alles gut, fürchterlich gut. Und ich ahnte noch etwas. Es war diese oftmals beschriebene und selten gefundene Nadel im Heuhaufen, die ich in den Händen hielt.

Was war nun für mich zu tun? Zu entscheiden?

Die Menschheit geht nicht daran zugrunde, dass sie etwas unterlässt, sondern dass sie etwas Falsches macht.
(Josef Hader, 1962)

Kapitel 26

Hello again, goldener Käfig!

Viele Menschen lesen als Erstes den letzten Absatz eines Buches oder die erste Seite. Oder lassen sich ausschließlich vom Cover und Klappentext überzeugen.

Tun Sie das nicht. Studieren Sie immer die ganze Geschichte.

»We must willing to get rid of the life we have planned, so as to have the life that is waiting for us.«
(Joseph Campbell)

Die Stunden kamen und gingen. Ich war doch erst kürzlich über diese Schranke in die von vielen verschmähte, jedoch aufregende Unsicherheit gesprungen.

Ein relativ guter Bekannter sandte mir weit nach Mitternacht eine Nachricht. Wir tun dies öfter, wenn der Schlaf nicht kommen will. Er ist ein hochrangiger Direktor einer Schneeballfirma, die eigentlich keine Schneeballfirma ist. Oder doch? Keine Ahnung. Ich mag ihn trotzdem sehr.

Er hat sich vom Hilfsarbeiter nach oben geschuftet und steht ständig unter Strom. Jettet um die Welt – motiviert Menschen in Asien oder Afrika, seine Artikel für ein angenehmeres Leben zu verkaufen. Für ihn engagieren sich Tausende von motivierten Leuten, die noch mehr unter Strom stehen als er. Er schrieb, dass er gerade jetzt um 2:49 Uhr in der Früh fertig sei. Sieben Stunden lang hat er trotz Pandemie mögliche Reiserouten festgelegt. Nebenbei hat er sich noch einen Traumwagen via Kreditkarte bestellt, neueste Vlogs seines Lebens in die digitale Welt gestellt und seiner Frau eine liebevolle Sprachbotschaft hinterlassen. Ferner möchte er sich in der Nähe des internationalen Internats seiner Kinder ein Haus am See besorgen, um diese wenigstens alle vier Wochen an den Wochenenden zu sehen. Seine Botschaft an mich endete mit den Worten: »Life ist great!«.

War das nun eine Warnung oder ein Rat? Sollte ich zurückgehen? Mich wieder an eine morsche Planke namens »toller Job mit allem Drum und Dran« hängen? War es denn überhaupt eine Rückkehr? War ich nicht gerade drauf und dran, eine neuartige, unbekannte Welt für mich zu erobern? Und fühlte sich dieses Angebot nicht so an, wie all das, was hinter mir lag? So viele gelungene Fragen stellten sich mir plötzlich. Ich war nicht traurig, keine wichtige Rolle mehr zu spielen. Nicht mehr permanent angefragt zu werden. Das machte mir nichts aus. Hatte ich mich doch freiwillig ins Aus bugsiert. Ich fühlte mich befreit. Endlich hatte ich das, nachdem ich mich so lange verzehrt hatte. Zeit zum Nachdenken. Zeit für meine Sachen. Zeit für was weiß ich auch immer. Ich brauche ja nicht viel, auch wenn einiges, was ich in diesem Werk bisher niedergeschrieben habe, dagegen spricht. Ich will nicht mehr um Projekte kämpfen. Mich für diese aufopfern, um danach mit einem feuchten Händedruck durch die Hintertür abserviert zu werden. Es ging nicht mehr ums kreative Überleben für mich.

Ja, ich kann und will wählerisch sein. Ich überlege mir genau, wen ich zu mir nach Hause einlade und wann. Wer zu meinen Freunden oder Freundinnen zählt oder nur zum Bekanntenkreis. Zu wem ich eine ambitionierte Feindschaft pflege und wer mir, mit Verlaub, gestohlen bleiben kann. Da, wo ich herkomme, sagt man: »Den Buckel runterrutschen kann«.

Würde ich mir meinen Spaß von einer möglicherweise falschen Entscheidung verderben lassen?

Die schnellsten Entscheidungen im Leben geschehen, wenn Bauchgefühl auf Erfahrung trifft.

Einer von Hunderten Comics!

Kapitel 27

Stop. Think. Look. Go!

Lebensfreude ist das, was du machen willst,
nicht, was du machen musst!
Fühlen Sie sich niemals wie Gott,
aber nahe dran geht völlig in Ordnung!

Ich rief am nächsten Morgen an. Unausgeschlafen und mit trockener Stimme sagte ich zu meiner eigenen Überraschung zu! Die Gegenseite klang ganz und gar nicht verwundert. Ich spürte das zufriedene Lächeln in ihrer Stimme. »**Ich habe nichts anderes von Ihnen erwartet.**«

Kennen Sie das Gefühl, wenn sich plötzlich ein Kreis schließt. Wenn alles fließt, passt, weder wackelt noch Luft braucht? Wenn Sie jemand in den Arm schließt und Sie trotzdem Platz zum Drehen haben. Mein Leben und ich, meine Arbeit und ich – wir alle könnten endlich Freunde werden.

Ich musste mich in meinem medialen Terrain, das ich in- und auswendig zu kennen glaubte, wieder hineinfuchsen. Ganz von vorn beginnen, aber mit Erfahrung. Ich entsann mich an meine Zeit in den Fernsehstudios vor den Toren Münchens. Wieder stand ich allein mit einer geballten Ladung Verantwortung und Vertrauensvorschuss da. Ich durfte mich austoben. Machen. Machen.

Machen. Normalerweise laufe ich in solchen Situationen auf Hochtouren.

Doch mein Motor stotterte. Und das heftig! Ich erkannte, dass man nicht einfach Schablonen aufeinanderlegen konnte, frei nach dem Motto: Was dort passt, muss auch woanders passen. Erfreulicherweise besaß ich eifrige Assistentinnen und eine Chefin mit Geduld. Ein Glücksfall. Dieses Schmiermittel wirkte. Ich wurde gefühlt sekündlich besser. Stemmte ein ganzes Magazin für Kinder von hinten bis vorn. Intro. Kochtipps, fiktionale Comicgeschichten. Reise- und Basteltipps, Cartoon. Gebt mir alles! Ich machte mir keine Vorwürfe, dass ich womöglich wieder Zeit vergeudete. Nein, es bereitete mir große Freude.

Nennt mich Teilchenbeschleuniger!

Ich mutierte wieder zu der kreativen Maschine, die ich eigentlich nicht mehr werden wollte, doch mein Energiehaushalt wuchs, anstatt zu schmelzen. Noch etwas ließ mich glücklich sein. Jenes flirrende Gefühl, das mir entgegengebrachte Vertrauen, nicht enttäuscht zu haben.

In der ersten Zeit agierte ich mit Tunnelblick. Natürlich propagiere ich in diesem Buch andere, gesündere Vorgehensweisen. Manchmal müssen Sie gegen Ihre eigenen Richtlinien vorgehen. Ihr individuelles Regelwerk brechen! Tun Sie es nur auf absehbare Dauer, dann wird Ihnen nichts Schlimmes widerfahren.

Ihr Motto für eine begrenzte Vollgasperiode:

**Alle Eisen im Feuer zu haben,
ist gut und schön,
aber eines richtig zu schmieden,
weit sinnvoller!**

Nun waren wieder vier Stunden Schlaf pro Nacht angesagt. Ich bin keine unbedingte Nachteule und beneide
diejenigen, die sich zur Mitternachtsstunde zu Höchst-
leistungen aufschwingen. Ich kann mit Schlafentzug nur
periodisch arbeiten und werde ohne ein gesundes Maß an
Wegdämmern rasch paranoid und krank.

Doch manchmal heißt es eben auf die Zähne beißen.
Tun Sie sich jedoch niemals weh – wie gesagt, nur eine
bestimmte Frist ist sinnvoll.

Gesundheitlicher Schaden rechtfertigt beruflichen
Erfolg niemals. Und lassen Sie die Finger von Pillen und
Säften, die Sie künstlich wachhalten und Ihnen angeblich
auf dem Weg zum CEO und Millionär Begleit- und Feuer-
schutz geben. Powern Sie möglichst gut gelaunt und char-
mant, ohne Mittelchen, die Sie irgendwann hinten raus
zur Rechenschaft fordern.

**Ich konnte ja nicht ahnen, dass ich ein
jahrzehntelanges Herzensprojekt gefunden hatte.**

Nun kommt eine Benchmark, die Sie im Hinterkopf behalten sollten. Egal, was Sie tun und wo Sie es tun, wenn Sie
an einer wirklich guten Sache dran sind – an einem Projekt, das Ihr Leben im wenigstens Falle monetär und im

idealsten Fall auch noch in puncto Zufriedenheit auf den Thron setzt –, ist es unabdingbar – sofern Sie nicht der Erfinder in der Garage sind –, mit dem obersten Boss – wie sagt man so schön: der den Hut auf hat –, in persönliche Beziehung zu treten. Oder wie bei mir – er trat mit mir in Kontakt.

Ich rede hier nicht von Chefredakteuren oder Abteilungsleitern oder Führungskräften im oberen Management. Ich rede von denen, die man normalerweise selten oder nie zu Gesicht bekommt. Diese Menschen leben meist relativ zurückgezogen und haben es nicht nötig, mit der Außenwelt etwas anzufangen – denn Sie machen sich die Welt, wie es Ihnen gefällt und das ohne Pferd und Affe, aber mit Haus. Und meist einem sehr, sehr großen!

Kennen Sie solche Menschen? Wenn Sie diese Frage mit Ja beantworten können, herzlichen Glückwunsch. Ich denke jedoch eher Nein.

Eines Tages las ich in meinem digitalen Posteingang:

Lieber Herr Winterstein,
da wir ja sozusagen das kleine Kind betreuen, wäre
es an der Zeit, dass wir uns einmal kennenlernen.
Mit freundlichen Grüßen T. + J. G.

Der Schöpfer der Figur hatte sich gemeldet. Hier geschieht etwas Wichtiges, was Sie sich merken sollten. Sie müssen – gleich in welcher Branche Sie agieren – möglichst, nein, unbedingt mit Häuptling Winnetou in Verbindung sein, nicht mit irgendeinem Indianer namens Kleine Schwarze

Feder. Auf Ihre möglichweise weniger wildwestaffine Situation gemünzt, bedeutet dies, niemals mit Hänschen, immer mit Hans reden. Ja, die vielen Hänschen zur Seite zu schieben, ist mühselig, aber das gehört zum Geschäft, wenn Sie wirklich etwas reißen möchten.

Häufig ist häufig,
selten ist selten!

Für mich war klar – ein entscheidender Schritt stand an.

Balance halten.
Ambition zeigen.
Gleichstellungsmerkmale herausarbeiten.
Verbindlichkeiten schaffen.

Natürlich können Sie sich auf wichtige Termine vorbereiten, innere Dialoge halten, aber letztendlich sollten, ja müssen Sie die Dinge ohne Leitfaden auf sich zukommen lassen. Und Bitte: Kriechen Sie »wichtigen« Menschen nicht in den Allerwertesten. Dort müssen Sie sicherlich lange Wartezeiten in Kauf nehmen. Und der Ausgang ist ungewiss.

Seien Sie lieber authentisch. Leichter gesagt als getan!

Wenn Sie etwas besser können als andere, wird das wertgeschätzt, auch wenn Sie mit Ihrem Gegenüber im wirklichen Leben keinen Kaffee trinken möchten. Jetzt hieß es für mich Farbe bekennen. Zu zeigen, dass ich es wirklich draufhatte.

Trauen Sie es sich ruhig zu, mit den ganz großen Jungs und Mädels zu spielen! Bevor Sie aber darüber nachsinnen, müssen Sie erst einmal in die heiligen Hallen gelangen. Da sind wir wieder bei meinen besten Freunden: Mühe, Arbeit, Blut, Glück und Schweiß.

Kapitel 28

Ein Palast namens Zukunft.

Wer für etwas brennt, kann auch ausbrennen!

Ich parkte den Wagen vor dem herrschaftlichen Anwesen des CEO und kam unerwartet ins Grübeln. Der Kiesweg zur Villa zog sich und meine Gedanken wurden länger.

Wenn ich den Sack hier zumachte, wäre das der Joker? Eine Riesensache? Hatte ich meine Ideale verkauft? Ich will nicht weinerlich wirken und auch nicht elitär. Ein weltfremdes Egoistenpüppchen, das sich nur um sich und seine relativ lächerlichen Probleme dreht. Ich will auch nicht naiv klingen – mir ist schon klar, dass mein Wohl und Wehe Ihre womöglich existenzgefährdende Situation nicht besonders erleichtert.

Was ich möchte ist Folgendes: Stehen Sie mehr als 100 % hinter Ihren gefallenen Entscheidungen. Das funktioniert nur mit laufender Selbstreflektion. Denn wenn an irgendeiner Stelle ein kleines Steinchen Zweifel aus dem Mauerwerk purzelt, ist es schon vorbei mit Ihnen und Ihrem gelungenen Fortkommen. Sie werden abtreiben.

Besaß ich noch ein festes Fundament oder lief ich meinen gesteckten Vorgaben hinterher? Ein (alternder) Lackaffe, der sich gern von hochtrabenden Zielen und goldenen Aussichten das borstige Fell bürsten lässt? Ein Umfaller ins gemachte Körbchen?

Ich, der einst auszog, um in der bundesdeutschen Hauptstadt leer stehende Gewerbeimmobilien zu havarieren, um diese dann von einer netten Dame der städtischen Liegenschaften zeitweise für Kunstprojekte zu mieten.

Der im Stadtwald mit dem Förster um Holzstämme feilschte, diese dann mit einem Transporter ins Szeneviertel schaffte, um daraus Sitzplätze für spontane Aufführungen zu bauen.

Der bei 4 Grad Schneeregen im Bundeswehrparka an der Eingangstür Tickets für besagte Vorstellungen verkaufte und Flyer in der ganzen Stadt verteilte.

Der ein Kino zum Theaterraum umfunktionierte und eine ganze Nacht lang durchspielen ließ.

Der großspurig eine Neuordnung seines kompletten künstlerischen Schaffens veranstaltete und für sich ein völlig neues künstlerisches Herrschaftssystem erschuf.

Wollte ich mich trotz Spaß an der Arbeit wirklich wieder eingliedern in die Seilschaften von Kreativen, die sich aufführen wie überschätzte Mobber im Sandkasten?

Wollte ich wirklich wieder zurück in eine Arbeitswelt, die sich selten im Griff hat und wenig Empathie zeigt? Eine lasche Welt, die jeden duzt, aber in Wirklichkeit kein Sie, geschwiege denn ein Wir kennt? Wollte ich meine aktuelle, höchst lebensfähige Ressource verlassen?

Löchern Sie sich mit all diesen, Ihren Fragen, bevor Sie das Areal wechseln. Es nützt Ihnen wenig, wenn Sie eine tolle Badehose angeboten bekommen – Ihnen das Wasser im anderen Becken aber entschieden zu kühl, zu tief, zu seicht oder brackig vorkommt.

Warnung! Ohne Körperanspannung ist ein Sprung ins kühle Nass ein gefährliches Unternehmen und könnte schmerzhaft für Sie enden. Das Dilemma bei beruflichen Neuentscheidungen ist meiner Meinung nach, dass es eigentlich oft nur um Schadensbegrenzung geht. Nie existiert der ultimative Ausweg zum allumfassenden Arbeitsprofil. Sie werden notgedrungen mit den einen oder anderen Schönheitsfehlern leben müssen.

Ich war damals ein kleiner Held meiner eigenen Welt, die ich zu retten glaubte. Es ging jedoch um viel größere Themen als den beruflichen Alltag, Hochkultur oder dem pünktlichen Zahlungseingang. Es war für mich irre stimulierend, für mein »Warum tue ich das alles?« zu kämpfen, auch wenn ich mich in meiner egoistischen Blase befand und es den blauen Planeten herzlich wenig scherte, was ich da entschied. Für mich war es lebensnotwendig.

Was ist für Sie wichtig? So richtig wichtig? Und richtig wichtig bedeutet auch richtig wichtig!

Zwischen Glück und Genervtsein liegt ein schmaler Grat!

Wollte ich mich neu verführen lassen? Wollen Sie sich neu verführen lassen? Ich glaube nicht, dass jemand der eigentlich gut im Leben steht, sich verführen lassen muss. Nur wenn der feste Grund fehlt, flüchtet man sich in andere Welten, statt der eigenen Realität standzuhalten.

Warum bin ich noch einmal ins Nachdenken gekommen? Mir fehlte die wirkliche Erfüllung. Ein aufgeblähtes Ego kann Sie vernichten. Ich ging freiwillig einen Schritt zurück!

Warum? Ein Leben in Extremen ist sehr anstrengend. Entweder sehr glücklich oder sehr unglücklich. Das geht meistens nur einige Jahre gut und viele verpassen den idealen Zeitpunkt, in ruhigere Dimensionen zu wechseln.

Bei einem Bergaufstieg suchte ich mir immer den noch besseren Platz zwecks Fernsicht. Stieg höher und höher. Wechselte Positionen. Dann endlich hatte ich den perfekten Ort gefunden. Nur hatte ich unterdessen so viel Zeit verbraucht, dass ich im Halbdunkeln den Berg hinunterhasten musste und zugleich in ein Unwetter geriet. Diese Erfahrung führte mich vor diese Villa. Ich musste einfach runterkommen und hörte bereits das Feedback meines Umfelds.

»Wie kannst du so etwas tun?«

Entwerten Sie Ihr Bewertungssystem. Machen Sie sich unabhängig von den Einschätzungen und Beurteilungen anderer. So sind Sie stets in der Lage, alles, was Ihnen an Entscheidungen, Vorwärtsbewegungen und Rückschritten entgegenschlägt, zu messen. Die 1000 Neins anderer können Ihr einziges Ja bedeuten. Nur so gelangt man zum labenden Quell und nicht zur Qual einer wahrhaftigen Lebensfreude.

Die Wahrheit siegt in und durch sich selbst;
die Meinung nur in anderen.
Epiktet (50–138 n. Christus)

Unser Leben wird abgesichert mittels Vorurteile. Der ist so, weil er … Die tut das doch nur wegen …

Das ist nicht weiter verwerflich. Situationen abzuschätzen gehört zur allgemein gültigen Grundausstattung. Also, vergessen Sie nie Ihre Akkudauer richtig einzuschätzen. Wann ist die richtige Zeit für Vollgas? Wann drehe ich den Regler wieder runter? Ich war an der Reihe ein paar Schritte kürzer zu treten. In welchem Stadium Sie sich gerade befinden? Finden Sie es heraus! Und nehmen Sie sich dafür bitte ausreichend Zeit!

Wir alle besitzen ja diese erdachten Escape-Szenarien. Raus ins Grüne auf den Bauernhof mit Kind und Katze. Rüber auf die Insel mit der Sonne im Herzen und auf dem Haupt. Das sind alles nur Strohfeuer. Mal von kürzerer, mal von längerer Dauer. Das Schönste sind nicht jene idyllischen Rückzugsgebiete. Das Schönste im Leben sind die gemeisterten Herausforderungen.

Drücken Sie jedoch nicht allzu lange auf Pause. Geben Sie wieder Gas, wenn Ihnen danach zumute ist. Höchstgeschwindigkeit. Lassen Sie das Unwissen zu, ob sich Ihre immense, zeitintensive Vorarbeit am Ende des Tages auszahlt. Freuen Sie sich auf das Herumschlagen mit arroganten Vorgesetzten.

Seien Sie wieder ein lodernder Schreibtischtäter, ein raketenmäßiger Gabelstaplerfahrer, ein schwebender

Treppenliftverkäufer oder sonst was. Seien Sie Ihr eigener Abteilungsleiter in Sachen »Tage nutzen und genießen«.

Das funktioniert übrigens auf jedem Niveau und Level. Wenn Sie es denn wollen. Möchten genügt an dieser Stelle Ihres Lebens nicht. Möchten ist die Billigbrause und nicht das Originalgetränk (wobei manchmal das günstigere Zeugs besser mundet – dies als kleiner Einkaufstipp am Rande für Markenfetischisten).

Um Ihr aktuelles Standbild möglichst klar zu bekommen, ist es unabdingbar, den Apparat ruhig zu halten. Wenn Sie zittern, wird die Aufnahme unscharf und unbrauchbar. Eines bleibt immer gleich. Auf den Auslöser müssen Sie so oder so drücken. Ich tat es!

Erfolgreiche Menschen interessieren sich nicht für die Benutzeroberfläche, sondern immer nur für das Betriebssystem.

Ich atmete tief durch und klingelte. Nein, es war keine Klingel, sondern ein edler Klopfgriff.

Die Schöpferfamilie hatte meine Arbeiten begutachtet und bis auf einige Schönheitsfehler für ausbaufähig befunden. Innerlich stockte ich.

Natürlich hatte ich eitler Überzeugungstäter erwartet, mit Lob überschüttet zu werden. Erst später erkannte ich, welch enormes Maß an Zustimmung ich erhalten hatte. Die Schöpferfamilie behielt Ihre Figur im Auge und alle Fäden in den Händen. Ich war nur ein Rad am goldenen Wagen – aber ein sehr großes!

Auch hier finden wir ein Merkmal von guten Leuten. Die beiden hätten es schon lange nicht mehr nötig gehabt, jede Zeile oder jedes Wort oder jedes Produkt höchstpersönlich zu bewerten und die Freigabe zu erteilen. Doch sie taten es.

Ich sagte etwas, das ich an anderen Stellen schon öfter mal bereut habe. »Es müsste noch jemand alle anderen existenten Figuren, die gesamte Welt und das wunderbare Personal zum Leben erwecken, da steckt noch so viel Potenzial drin.« Ich dachte dabei an andere Leute, jüngere als mich, die sich voller Ehrgeiz da reinwerfen. Ich würde mich lieber auf mein Soloprojekt in dieser Sache konzentrieren.

Beide lächelten. Ich sah Sie verständnislos an. »Du machst das: Du allein. Sonst keiner!«

Damit war mein gewohntes Leben, in dem ich mich als variabler Weltstar eingerichtet hatte, gänzlich vorüber. Mit einer übergroßen Plüschfigur auf dem Beifahrersitz, die mir das Schöpferehepaar als Abschiedsgeschenk überreichten, fuhr ich zurück. Ich hatte Mitte 30 soeben die nächsten Dekaden meines Lebens verplant.

Ich arbeitete im engsten Zirkel einer Figur, die Deutschland überrollte. Die Eltern wie Kinder in den schieren Wahnsinn trieb. Extrapausen an Schulen wurden eingerichtet, damit die Kids nicht während des Unterrichts Postkarten, Blockblätter oder Comichefte tauschten. Meine Comics wurden übersetzt und lagen über der Auflage des Nachrichtenmagazins Der Spiegel. Die Produktpalette war dreistellig und das alles ohne Werbung.

*Es war mir eine große Ehre
und ein großes Vergnügen.*

Und Jahrzehnte entfernt von Begriffen wie »Skalierung« oder »Merchandising«. Der gesamte Erfolg basierte auf der Qualität, dem Trend und der Mundpropaganda.

Und ich war dabei als einer der Motoren dieses Wunderwerks!

All das kam reichlich später. Vor allem stand mein »Ja«.

Sind Sie bereit für diese Art von weitreichenden Entscheidungen? Wirklich bereit für ein Imperium, gleich, wie groß es auch ist, einzustehen?

Ich rede hier nicht von einmal nicken und dann nach wenigen Monaten einknicken. Kein Hü und Hott. Sondern sich einer Sache widmen, so vollends, dass es schon vom Hinsehen wehtut. Ich hatte Bock! Ich wollte das! Denn wie oft in einem Leben kriegst du Gelegenheiten, die das Spiel drehen? Wo Kopf oder Zahl nichtig werden – es zählt nur die bare Münze!

Einmal, zweimal – ich weiß es nicht. Was ich jedoch ganz genau wusste, war, wenn ich diese Geschichte höchstgenial hinter mich bringe, bin ich durch.

Ich hatte diesen Kampf nicht begonnen,
um meine Niederlagen zu zählen,
sondern um Siege zu feiern!

Ich hatte recht und unrecht. Doch dazu später.

Es kommt immer anders,
<u>wenn</u> man denkt!

Kapitel 29

On fire

Sollten Sie nun endlich in der Lage sein, mit dem ganz großen Löffel Ruhm, Erfolg und die anderen Nettigkeiten abzuschöpfen, heißt es, bei allem Verdienst, bescheiden bleiben. Und sich gesund halten. Denn wie wir ja alle wissen, hat der Gesunde viele Wünsche und der Kranke nur einen.

In glorreichen Zeiten wird Sie die Adrenalinpumpe vorwärtspeitschen, Ihre Cortisol-Ausschüttung Sie unermüdlich machen – dennoch nützt es auf Dauer wenig, unentwegt zu liefern, wenn andere längst schlafen.

Ich warf mich achtlos ins Geschehen, gab alles für dieses Projekt, bis ich den sogenannten »Goldenen Schnitt« erhielt.

In meiner Branche bedeutet dies die ultimative künstlerische Freiheit, ohne dass potenzielle Geldgeber oder Verantwortliche mahnend den Zeigefinger heben. Ich durfte meine Geschichten und Projekte ohne Rücksprache durchwinken. Ich durfte das Baby allein schaukeln. Und das tat ich liebevoll und unentwegt.

Wie ein kreativer Schwamm lief ich jahrelang durch die Gegend, entwarf spielerisch neue Horizonte und lief von einer Höchstform nebst Bestzeit zur nächsten. Die Berge an Arbeit wuchsen und ich bestieg alle Gipfel mühelos ohne Sauerstoffmaske. Was für ein Heidenspaß! Konnte sich mein Leben noch steigern? War das alles? Kam da noch was? Es war mir egal. Ich pushte mich weiter!

Vergessen Sie im Höhenrausch niemals allgemein geteilte Prinzipien, die die Gesellschaft als ein faires System von Geben und Nehmen, von Kooperationen regeln. Das gilt für Sünder, Egoisten, Altruisten und komplett am Rad drehende Arbeitstiere.
Und eines noch – ob Ihnen das gefällt oder nicht.
Hier kommt niemand lebend raus!

Ich war wie ein Shootingstar, der selbst nach dem Auftritt in der Garderobe weiter powert. Ein fleischgewordener Starschnitt. Und jeder, der mal im Rampenlicht stand, weiß, wie schwer es ist, hinter der Bühne zu strahlen, wenn die Müdigkeit steigt und die Glückshormone sinken. Mir schien jedoch alles machbar.

Mein Überlegenheitsgewicht nahm täglich zu. So geriet ich erneut in gefährliche Schieflage.

Benehmen Sie sich nicht wie ein Autofahrer,
der sehenden Auges auf eine Wand zufährt
und dabei freudig aus dem Fenster winkt,
anstatt zu bremsen.

Wenn Sie nun denken – das hat er mir doch schon mal erzählt, liegen Sie richtig. Ja, habe ich. Ich lerne nur schwer aus meinen Fehlern und wenn ich glaube, ich hätte es getan, strafte mich die Realität Lügen! Lernen Sie daraus!

Ich tanzte als Mr. Dax durch die Weltgeschichte. Immer leicht überbelastet. Immer etwas zu eilig. Immer mit der latenten Angst unterwegs, das nächste entscheidende Projekt, das nächste dicke Ding in der Firmengruppe zu verpassen, nicht mit dabei zu sein oder noch schlimmer – es anerkennen zu müssen, dass auch andere geniale Geistesblitze haben. Ich führte mich auf wie der Hofnarr, der vollkommen übersah, dass nicht er, sondern der Kerl mit der Krone auf dem Kopf das Land regiert.

Sie sind immer nur das Zünglein an der Waage.
Sie sind weder Waagschale noch Waage.
Vergessen Sie das niemals, egal, wie eindrucksvoll sich
Ihre Stellenbeschreibung gerade auch liest.

Ich kann sehr gut nachvollziehen, wenn Ihnen das Hirn voll Glücksmomente nur so schwirrt, weil Sie endlich von Erfolg zu Erfolg hetzen und »nichts klappt« für Sie nur nach Fremdwörtern klingt. Doch wie sang schon Nicole so schön in Ihrem ersten Lied: »Flieg nicht so hoch, mein kleiner Freund«. Die Jüngeren unter Ihnen müssen das eventuell nachschlagen. Der Text lohnt ein wenig. Die Musik bleibt Geschmackssache.

Kommen wir wieder zurück zu meiner Hitparade des ewigen »in die Hände spucken«. Mir fehlten die Ruhezonen. Die Auszeit. Der Sport! Das klare Nachdenken. Innehalten. Alles wie gehabt. Von dem einen zu viel, vom anderen zu wenig. Sie kennen mich ja bereits ein bisschen. Kennen Sie sich auch in Extremsituationen?

**Leben und Scheitern ist immer das,
was passiert, wenn Sie gerade an anderer Stelle
wahnsinnig eingespannt sind.**

In der Analyse meines erneuten Scheiterns, wenn man es denn so bezeichnen möchte, rangiert der »fehlende Sport« an oberster Stelle. Ich ließ ihn links liegen. Ein grober Fehler. Aus meiner Zeit als Ausdauersportler mit über 60 Marathons und einer ewigen Startnummer 1000 beim Berlin Marathon hätte ich es wissen müssen. Tägliches Training, egal wann, wie und wo. Keine Ausnahmen, außer der Körper streikt. Bei Wind, Wetter, Dunkelheit, Gegenwind und Schneematsch hatte ich mich einst rausgeschleppt. Ohne Sport werde ich labil und ich übersehe wichtige Dinge. Ich gerate sozusagen aus der Spur.

Deshalb wurde ich abermals kalt erwischt. Meine Sinne waren nicht mehr geschärft. Der süße Duft des noch leichten Lebens hatte mich nicht zum ersten Mal bezirzt. Wenn Sie damit beschäftigt sind, Grundstücksparzellen auf Inseln auszuschauen, die enorme Renditen versprechen oder wochenlang die schönste rustikale Finca am Hang runterhandeln, weil Cash immer King ist, knicken auch Ihre Antennen fürs wirklich Wichtige ein. Vegane Gerichte in der chilligsten Absteige, natürlich in Standnähe, können einem bei allem Arbeitselan Pudding ins Hirn mixen.

Wenn gar nichts mehr um Sie herum ist als Job und noch mehr Job, mit rigiden Abgabeterminen, höhlt das auf Dauer aus und führt zum internen Debakel. Ich war wohl irgendwann dem Tod näher als dem Leben. By the way, so ein trauriger Gemütszustand geht auch auf den Malediven.

Sammeln Sie Kilometer auf der Laufstrecke anstelle Meilen in der Luft.
Suchen Sie sich eine Leibesertüchtigung.
Vernachlässigen Sie diese genauso wenig wie Ihre Beziehung.

Sonst übersehen Sie das Ende!
Ihr Ende.

Das Ende ist immer unübersichtlich weit hinten. Es steht oftmals gut versteckt am Schluss aller guten wie weniger guten Erfahrungen.

Ja, ich besaß Glücksgefühle, aber nur, wenn noch ein Projekt seinen krönenden Abschluss fand und ich allerorts Bewunderung und Respekt einheimste.

Vollkommene Befriedigung und Wunschlosigkeit waren gegangen. Ich war kein Läufer mehr. Nur ein Geher mit Stöcken in den Händen. Und so verfehlte ich mein eigentliches Ziel um Längen.

Zwischen der Sehnsucht Ihres Sommers und der Kälte des Winters liegt immer die Überwindung. Gehen Sie raus! Bewegen Sie Ihren Körper! Los!

Ich war besoffen vor materiellen Glück. Finden Sie den Fehler!

An einem – ironischerweise – Valentinstag kam die Mitteilung, der Anruf – das Projekt wird kurzfristig eingestellt. So eine rigide Depesche hatte ich ja bereits vor Jahrzehnten erhalten. Ich hätte die Spielregeln kennen müssen, doch ich war zu fein, meine Anleitung zum Glück gründlich zu studieren.

Es wurde nun doch keine Heldengeschichte geschrieben. Der Goldjunge hatte aufgehört, ein Goldjunge zu sein. Mein Schatz wurde gestohlen. Innerhalb weniger Minuten wurde ich ausradiert. Man hatte mir mein teures Spielzeug weggenommen.

Erst ging ich am Stock, dann plötzlich wieder sporteln – ich hatte jetzt genügend Zeit. Keiner verlangte mehr nach mir. Diese Situation war mir nicht unbekannt. Seien Sie sich bewusst, dass eines Tages, trotz jahrelanger Intensität, es einen so vorkommt, als wäre nichts gewesen. Dinge kommen und gehen. Und Sie können rein gar nichts dagegen tun. Sich vielleicht einen Fallschirm packen, wäre keine üble Sicherheitsvorkehrung.

Könnte gut sein, dass ich folgende fünf Wörter schon mal erwähnt habe. Hier kommen Sie erneut als ultimatives Karteikärtchen für jeden Augenblick Ihrer Überfliegerphase:

Vorbei bedeutet: es ist vorbei!

Ich schaltete auf Durchzug. Eine sehr lange Weile …

Kapitel 30

Der Typ ist alle!

**Abserviert, entlassen, beurlaubt oder kaltgestellt
zu werden, bedeutet Krieg.
Nun erkennen Sie, wer ein Held,
ein Feigling oder ein Dreckskerl ist.**

Spielen Sie nicht den Typen, der das alles nicht mehr verstehen kann, was gerade auf ihn einprasselt. Damit möchte ich Ihnen verdeutlichen, dass Sie an den Kern ranmüssen. Viele, mich eingeschlossen, spielen zu viel. Ich spiele den Kerl, der allein zu Hause rumsitzt. Ich spiele den südländischen Gärtner, der seine Finca begrünt. Ich spiele den Outsider, der sich neue Horizonte erschließt.

Hören Sie auf damit. Ich hörte auf. Ich war wirklich empört, zutiefst sauer auf mich, auf Gott und die Welt. Und ich befürchte, es waren die ersten wahren Empfindungen, die mich umtrieben. Ich neige nicht zu Gesprächen auf der Couch, dies führt meist zu wenig. Auch eigne ich mich nicht zum Kritiker an mir selbst. Das ist deren Beruf.

Wie galant und rasch Sie aus der Delle rauskommen, hängt von einigen Faktoren ab. Leider gibt es einige, die Sie nur sehr unmittelbar beeinflussen können.

Wer keine Reserven hat, dem fehlen die Zeit und die Mittel, ein elitäres Sabbatjahr einzulegen, um auf die innere Reise zu gehen. Der- oder diejenige hat genügend zu tun, den Kühlschrank für sich und die Familie vollzukriegen.

Ich hoffe, Sie haben sich in den fetten Zeiten ein finanzielles Polster angelegt. Leider muss ich an dieser Stelle kundtun, sofern es sich nicht um Millionen handelt, dass Sie in geraumer Zeit wieder unterkommen müssen, denn der Alltag frisst die Rücklagen mit ungehörigem Appetit.

Überschlagen Sie die Zeitspanne, die Ihnen bleibt, um wieder in Lohn und Brot zu kommen. Das gilt für alle Bereiche, gleichgültig, ob Sie als Selbstständiger oder als Angestellter unterwegs sind. Überlegen Sie genau, ob Sie wieder im gleichen Schlamassel mitwirken möchten oder ob die Gelegenheit nicht gerade günstig ist, andere Möglichkeiten auszuprobieren, sich neu zu erfinden. Ich rede hier nicht von einer Tätigkeit als Hirnchirurg oder Bundespräsident. Da wird Ihr monetäres Zeitfenster und die Dauer der zu erwerbende Qualifikation konträr gegenüberstehen. Aber sehen Sie sich bitte nach allen Seiten um. Ein Schritt zur Seite bedeutet immer auch ein Wagnis, das entweder lohnend oder schiere Zeitvergeudung darstellt.

Seien Sie niemals neutral mit sich.
Neutral ist langweilig!

Natürlich können Sie sich auch Ihre Hände in die Hosentaschen stecken und sich die x-beliebige Wiederholung Ihres Scheiterns vergegenwärtigen, es bedauern und sich

Ihrem Weltschmerz auf unbestimmte Zeit hingeben. Frei nach dem Motto: »Von außen auf den Planeten betrachtet, ist eh alles nichtig und unwichtig«.

Ich finde, das ist beinahe so interessant, wie einem Nagetier im Laufrad bei der Arbeit zuzusehen.

Was habe ich getan? Gar nichts außer im Süden Sonne tanken. Ich muss gestehen, meine Reaktion war anfänglich mindestens so beklagenswert wie mein damaliger körperlicher Zustand. Ich tat nichts. Ich stand erst mal relativ lange, relativ beleidigt vor meinen weißen Wänden und meinen weißen Schränken. Erbost konnte ich es einfach nicht fassen, wie dieses miese, fiese Leben mit mir umging.

Ich wollte auch diesmal nichts davon wissen, dass solch ein Lebenseinschnitt eine Art Zwangsexperiment ist, sein kann. Alte Vorlieben neu hervorkramen, das Positive im Negativen finden und suggestive zu beginnen, mein Verhalten zur Arbeit, zur Berufung, eigentlich zu allem zu überdenken und zu verändern. Bla, bla, bla.

Ich wollte nichts verändern, ich wollte nichts überdenken. Ich wollte zurück an den großen Fleischtopf. Glücklich sein auf meiner Insel, auf der ich Alleinherrscher war. Doch die Insel war ja bereits untergegangen und ich strampelte im weiten Ozean herum, anstatt zielgerichtet zum rettenden Ufer zu schwimmen. Der Wellengang nahm zu. Ich stand wie ein trotziger kleiner Junge vor der kaputten Zuckerwattemaschine und wollte eine weitere Portion »Gelingen«. Ich klammerte mich an mein Nichts, an die gefährlichste Floskel aller Floskeln, die ich Ihnen so gern verbieten möchte.

Wieso passiert das ausgerechnet mir?

Und jetzt kommt wieder etwas eminent Wichtiges. Manchmal braucht es nur einen zarten Stupser. Nicht einmal eine allumfassende Antwort auf Ihre Fragerei. Nur wenige besitzen unbegrenzte Selbstmotivation. Ich besaß sie in jener Lage jedenfalls nicht (mehr). Von wegen grenzenloses Tun, Sein und Haben. Ich hatte mein Limit überschritten.

Dann muss er kommen. Dieser kleine, so ungehörig wichtige Stupser, Schubser oder sanfte Tritt in den Allerwertesten namens **MENTOR!**

Ohne Mentor keine Kunst!
Mit Mentor ...

Neues Winterstein-Stück wird uraufgeführt

das theater echtzeit zeigt in Berlin die Uraufführung eines neuen Stückes von Roland Winterstein: "das langsame verschwinden der augenblicke"

"würde man heute aus den menschen stöpsel ziehen, es liefe nur liebe und güte heraus. – reicht aus allen. ich bin leer."

in drei leerstehenden Räumen eines Geschäftsladens in der Torstraße 203 treffen drei Menschen in konkret situierter, unmittelbarer Konfrontation von Lebenslagen und reflexionen zusammen. Entgrenztes Denken, Fühlen und Sein moderner Gesellschaftsgestalten an einem Gipfel-und Absprungspunkt ihrer Biografien. Lebensleere und getriebenheit und die Unmöglichkeit konsenshaften Tuns. Die Katastrophe folgt nicht in der Situation, sondern ausserhalb des Theaters, ausserhalb der Gesellschaft, deren Bestandteile sie –maskenhafte Sager- selber sind. Uneigentlich, entfremdet, floskelhaft versiert, selbstbezogen und selten herzens, lebens-und berührungsnah. Abhängigkeit, Einsamkeit und Freiheit, die ein Augenblick sein kann, eine womöglich tödliche Hoffnung oder die erzwungene Option auf den nächsten Versuch.

Roland Winterstein
1966 in Nürnberg geboren, lebt als freier Autor/Redakteur für Film, TV, Print und Theater in Berlin. "das langsame verschwinden der augenblicke" ist sein viertes Theaterstück. Mit „alles gute und viel glück", seinem zweiten Werk, feierte er 2001 in einer ausgewählten Lesung beim Jürgen-Ponto-Preis durch das Ensemble am Staatsschauspiel Dresden einen Erfolg. „von beteuerten gefühlen und anderer Kälte", sein drittes Stück, wurde 2004 u.a. in Duisburg/Oberhausen sowie in Hamburg, 2005 in Mainz/Alzey erfolgreich aufgeführt.

Donnerstag, 17. märz 2005
Beginn: 21h

Spieltermine
18 / 19 / 20. März 2005
31. märz / 1 / 2 / 3. April 2005
7 / 8 / 9 / 10. April 2005
Beginn: jeweils 21h

Spielort
torstraße 203 (neben white trash), 10115 Berlin (mitte)
U Rosenthaler Platz

Ensemble
Emily Kraus, Silke Roca, Peter G. Dirmeier, Stefan Schmidt

Tickets / Infos
theater echtzeit: 0177 / 3054111
e-mail: theater.echtzeit@web.de
preis: 9 €

Theater Echtzeit
DAS LANGSAME VERSCHWINDEN DER AUGENBLICKE
Roland Winterstein

Ein exzellenter Mentor vermietet dir schon mal seine Wohnung!

Meiner tat dies. Und ich hoffe, Sie stoßen auf ein ähnliches Prachtexemplar von Unterstützer. Diese arbeitstechnische oder auch private Bande sollte engmaschig verbunden sein, denn sie muss von Dauer sein. Von sehr langer Dauer!

Schließen Sie an dieser Stelle Zweckgemeinschaften, Zwangsehen und Vorschulliebschaften aus Ihrem Mentorenprogramm aus.

Ihre ganz persönliche Anlaufstelle in der Not weiß, wo Sie im Leben stehen und was Sie gerade jetzt brauchen. Denn ein Mentor sollte mehr gesehen und erlebt haben als Sie. Jemand, der mit anderen Wassern gewaschen ist, verfügt über die entscheidende Ressource: Lebenserfahrung!

Es muss nicht unbedingt eine flammende Rede sein, die an Ihr Kämpferherz appelliert, manchmal tut es schon ein Wort oder wenn nötig, die Anreichung einer heißen Tasse Kakao oder einem Glas Wein. Die besten Wegbegleiter entziehen Ihrem Nährboden der Vollkatastrophe jegliche Substanz. Wie ein unbarmherziges Aufbaupräparat muss der Mensch hinter Ihnen nun wirken – sonst droht Ihr Abgleiten ins »Der Typ war mal ganz oben und man hat nie mehr was von ihm gehört«. Ein guter Lehrmeister verscheucht das Ambiente des Angesäuerten. Ihre zahlreichen Fragezeichen. Bei mir war es ein ganz einfacher Satz, der mich wieder zu diesem sagenhaften Flugvogel aus der Asche aufpeppte.

Ist das jetzt dein Ende oder dein Anfang?

Mit einem fähigen Beistand werden Sie niemals gänzlich abstürzen. Darauf gebe ich Ihnen unbegrenzte Garantie.

Und hier kommt als Bonus eine kleine Geschichte, die mir mein Fürsprecher erzählte. Daraus ziehe ich bis heute alles, was ich gerade brauche.

»Zwei Forscher waren in Afrika unterwegs. Plötzlich werden Sie von einem Raubtier angegriffen und suchen ihr Heil in der Flucht. Der eine von beiden rennt davon. Der andere holt aus seinem Rucksack ein paar Sportschuhe und wechselt diese gegen die Lederstiefel. »Bist du verrückt? Denkst du, damit entkommst du dem Tier?«, ruft der andere. »Nein, vermutlich nicht! Aber ich muss ja nur schneller sein als du«, entgegnet ihm der andere lächelnd und zieht an ihm vorbei.«

Noch an diesem Abend beschloss ich, entschlossener wie nie, dass »die« mich nicht bekommen und kleinkriegen. Wen ich damals mit »die« meinte, kann ich nicht mehr genau identifizieren. Es war wohl die ganze, ungerechte Welt gemeint. Mir war aufgrund meiner jahrelangen Expertise schon klar, dass dies ein sehr langer Marsch aus dem Matsch würde, in den ich mich selbst hineingeritten hatte. Mit vielen Unwägbarkeiten und Gesteinsbrocken.

Lassen Sie sich von niemanden erzählen, dass es nicht noch einmal klappt. Doch. Tut es. Tut es immer. Auch mit Schulden. Einer Gebrechlichkeit oder anderen Hindernissen. Und es wird immer so bleiben. Aktion erzeugt Reibung. Reibung erzeugt Energie. Energie erzeugt Leistung. Leistung erzeugt Ergebnisse. Ergebnisse erzeugen Erfolg.

THEATER ECHTZEIT präsentiert:
2 Stücke, 2 aussergewöhnliche Spielstätten, 1 Autor, 1 Ensemble!

Freitag, 08. April 2005   18. Uhr

„Glück sollte einteilbar sein wie eine Klopapierrolle"

VON BETEUERTEN GEFÜHLEN UND ANDERER KÄLTE
Roland Winterstein
mit Silke Roca und Peter G. Dirmeier
im Kinosaal K77   Kastanienallee 77   Berlin Prenzlauer Berg

Freitag, 08, April 2005   21. Uhr

Theater Echtzeit
DAS LANGSAME VERSCHWINDEN DER AUGENBLICKE
„Was schmerzt ist nicht der Aufprall, sondern der freie Fall"

DAS LANGSAME VERSCHWINDEN DER AUGENBLICKE
Roland Winterstein
mit Silke Roca, Emily Kraus und Peter G. Dirmeier
in den leerstehenden Räumen Torstrasse 203
(neben White Trash) Berlin-Mitte

Publikum das beide Vorstellungen besucht bezahlt pauschal 16 Euro, ansonsten 9 Euro.

»Theater ist wie Kino – nur live!«
(Gunnar Madeheim, 1969)

Liebe gibt es nur im Kino

Anna und Alex haben ähnliche Vorlieben: Beide gehen gerne ins Kino, essen gerne Popcorn, sehen gerne Liebesgeschichten, aber hassen Happy-Ends. Und sie haben ähnliche Lebensbiographien: Beide haben eine unglückliche Trennung hinter sich und stecken mitten in einer Lebenskrise. Im kleinsten Kino der Stadt in der 11. Woche eines auslaufendes Filmes treffen sie sich. Die Technik versagt, der Film bleibt aus. So haben sie Zeit ihre eigenen Wünsche, Vorstellung und Erfahrungen statt der aufgezeichneten zu betrachten. Wollen sie nur das Ende der vergangenen Möglichkeiten beklagen oder fassen sie schon Mut zu einem Neuanfang? Diese Frage sorgt bis zum überraschenden Schluss für Spannung. Die beiden Darsteller Silke Roca und Peter G. Dirmeier verstehen es mit ihrem differenzierten Spiel die Rolle des Mannes und der Frau einfühlsam und wirklichkeitsnah zu zeichnen. Mehr als zwei Sitzkissen in der Form von riesigen Popcorn-Tonnen und ein wenig Filmmusik benötigen sie unter der Regie von Stephan Hoffstadt dazu nicht.

Birgit Schmalmack am 9.5.04

www.hamburgtheater.de

STAATSSCHAUSPIEL DRESDEN

Roland Winterstein
„Alles Gute und viel Glück"

22. April 2001

Verleihung des Autorenstipendiums

Sehr geehrter Herr Winterstein,

aus einer großen Anzahl von Texten wurde Ihr Stück „Alles Gute und viel Glück" für die szenische Lesung im Rahmen der Frühjahrskollektion 2001, die gemeinsam vom Staatsschauspiel Dresden und dem Uraufführungstheater Berlin veranstaltet wird, ausgewählt. Dazu gratulieren wir Ihnen herzlich.

Ermöglicht wird diese Veranstaltung durch die freundliche Unterstützung der Kulturstiftung Dresden der Dresdner Bank. Wir freuen uns daher besonders, Ihnen ein Autorenstipendium in Höhe von 1.000,-- DM gewähren zu können.

In der Hoffnung, dass Ihnen die Arbeit im Workshop neue praktische Erkenntnisse für das Schreiben vermitteln konnte und dass Ihr Stück demnächst auch als Inszenierung in einem Theater zu erleben ist, verbleiben wir

mit den besten Wünschen und freundlichen Grüßen

Prof. Dr. Dieter Görne
Staatsschauspiel Dresden

Ralf Suermann
Kulturstiftung Dresden der Dresdner Bank

Kapitel 31

Eine Flamme bin ich sicherlich!

Hören Sie sofort damit auf, in Krisensituationen Luftschlösser anzuhimmeln oder noch schlimmer, diese knacken zu wollen! Die oder der Ex nimmt Sie im wahren Leben auch selten zurück. Also zurück auf Start, der nicht mit Mosaiksteinchen Ihrer goldenen oder dunklen Vergangenheit gepflastert ist. Sonst wird es wieder eine kurze Geschichte von allem und nichts. Eine simple Binse.

Ich nehme jeden in den Arm, der als Mittdreißiger plötzlich mit hinuntergezogenen Hosen dasteht. Ich kenne das Gefühl. Und keiner schert sich groß, denn jeder von uns ist genügend damit beschäftigt, sich an dem mickrigen Lebensstandard festzuklammern, den er sich gerade erarbeitet hat. Für die laufenden Raten und andere Verpflichtungen muss ein gehöriges Einkommen reinschneien. Dafür heißt es, sich ordentlich krumm zu machen. Zeit für heiße Tipps, offene Vakanzen und sich für mich ins Zeug zu legen – blieb da wenig. Viele hatten schlichtweg wenig Lust, dem einstigen Königskind unter die Arme zu greifen. Ich kannte diese erfolglose B-Seite meiner Hitsingle ja glücklicherweise schon – hatte ich diese aus vorherigen Krisen als alte Leier in den Ohren klingen.

Im Meer überschwappender Gefühle und mit neuem Elan trudelten tatsächlich höchst lukrative Aufträge ein.

Hätte mir jemand diese Offerten vor einiger Zeit feilgeboten, ich wäre zur Vertragsunterzeichnung gerobbt.

Doch nun stellte ich an mir etwas fest, dass ich Ihnen auch wünsche. Ich begann, die Dinge sehr nüchtern und abgeklärt zu sehen, freute mich zwar über das eine oder andere Ergebnis, aber einige Tage später vergaß ich die Sache wieder. Die Magie schien verflogen. Mein künstliches Zauberland war endgültig abgebrannt. Ich hatte wohl endlich dazugelernt.

Aufgewärmt schmeckt eigentlich nur Eintopf!

RP 25.03.2004   **DUISBURGER STADTPOST**

Anna und Axel

Anna und Axel sitzen in einem kleinen Theater und warten auf die Spätvorstellung. Sie reden, lachen, weinen und streiten. Die „Säule" präsentiert in dieser Woche die Uraufführung des Theaterstückes „Von beteuerten Gefühlen und anderer Kälte" von Roland Winterstein.

Mein Künstlertum begann Routine zu werden!

RP

Theater in der „Säule"

Ein Stück, das zu denken gibt

Von INGO HODDICK

Es ist nicht alles, was es scheint in dem Zwei-Personen-Stück „Von beteuerten Gefühlen und anderer Kälte" des 1966 geborenen Roland Winterstein, das am Wochenende im gut gefüllten Kleinkunst-Theater „Die Säule" am Dellplatz uraufgeführt wurde. Wir sehen Anna und Axel, die sich im leeren, kleinsten Kinosaal der Stadt begegnen und sich mehr oder weniger näher kommen.

Zumindest glauben wir das zu sehen, wie die beiden sich beschmeicheln, berühren, belügen. Sich ihre Lebens- und Beziehungsgeschichte erzählen. Die Anziehung abwehren, um nicht wieder verletzt zu werden. Das gibt Gelegenheit zu zahlreichen geistreichen Bonmots wie: „Man kann schon an etwas glauben, zum Beispiel an nahrhafte Inhaltsstoffe in Nutella oder an den MSV Duisburg", oder „Ein Single ist jemand, der im Doppelbett diagonal liegt".

Das hat gut geschriebene, fast schon zu kluge Dialoge, das ist auch eine Komödie. Nur bleibt das Lachen immer mehr im Hals stecken, etwa wenn Axel sich die Schlagzeile ausmalt: „Albanische Putzfrau entdeckt im Kinosaal vergessene Leichen". Vollends, wenn er eine Waffe zieht und diese „scherzhaft" auf Anna zielt. Kurzfristig malen die beiden sich aus, wie ihre romantische Geschichte im Streit enden müsste.

Der Tod der beiden ist dann kaum noch eine Überraschung. Doch sieht man das Stück in der Rückschau nun ganz anders. Die Nachrichten verkünden: „Albanische Putzfrau entdeckt im Kinosaal Leichen eines geschiedenen Ehepaares". Haben sich die beiden alles nur vorgespielt? Versucht, noch einmal von vorne zu beginnen? Ihren Doppelselbstmord so inszeniert?

Der Autor schrieb dieses bittersüße Stück über die einzigen beiden Ewigkeitsthemen „Liebe" und „Tod" den beim „Säulen"-Publikum bestens beliebten Schauspielern Silke Roca und Peter G. Dirmeier auf die Leiber. Wie nicht anders zu erwarten, gaben sie in der teils artifiziellen, teils lustvollen Inszenierung von Stephan Hoffstadt ihr Bestes, bemühten sich erfolgreich um die rätselhaften Zwischentöne des Dramas. Mit Roland Winterstein wurde ein talentierter Bühnenautor entdeckt.

Es gibt noch drei Aufführungen: am Dienstag (30. März), Mittwoch (31. März) und am Donnerstag (1. April), jeweils um 20 Uhr.

194

Roland Winterstein
Writer

Known For

Bibi und Tina
Writer
(2009-2015)

Bibi Blocksberg
Writer
(2012)

Benjamin Blümchen
Writer
(2002)

Ich kramte mir meine berufliche Wunschliste aus dem Gedächtnis hervor. Was war abgehakt? Was wollte ich noch verwirklichen? Filme, Comics, Theaterstücke, Fernsehen, Bücher, Artikel – alles schon gehabt. Wie heißt es bei Herrn Schiller so schön?

> **Du mußt glauben, du mußt wagen,**
> **Denn die Götter leihen kein Pfand,**
> **Nur ein Wunder kann dich tragen**
> **In das schöne Wunderland.**

Ein Wunder benötigte ich »Superalleskönner« also nicht mehr. Nur eine gute Idee. Eine verdammt gute Idee. In meinem Unterschlupf auf den Balearen verbrachte ich wie immer die Nebensaison. Trieb dort bis zum Umfallen Sport. Ich wollte diesmal nicht in den falschen Raum treten. Und ließ los. Dachte radikal nach. Keine Klischee-Auszeit unter Palmen sollte es diesmal werden. Und wurde es auch nicht.

Es wurde noch etwas daraus. Ich wurde trotz fortgeschrittenen Alters endlich erwachsen!

Kapitel 32

Was ist noch drin?

Klassifizieren Sie nicht nur in den leider allgemein gültigen Ausschlusskategorien »supertoll« oder »supermies«.

Was möchten Sie noch herausholen? Regeln Sie das. In Ihrem eigenen Sinne. Worin haben Sie ein besonderes Wissen? Was können Sie besser als andere? An was hängt Ihr Herz? Und wie soll es für Sie wieder aufwärtsgehen?

**»Es geht aufwärts«, sprach der Spatz,
als ihn die Katze im Maul
die Bodentreppe hochgetragen hat.**

Das könnte ein Weg sein. Aber es ist womöglich keiner von Dauer!

Ich klopfte viele Jahre später an die Tür meiner verbliebenen Herzenswünsche.

**Ich wagte mich an die sogenannte
Königsdisziplin des Schreibens:
Die Kolumne.**

Wer gewohntes Terrain verlässt, geht immer ein Risiko ein. Nur weil Sie Neues wagen, bedeutet dies nicht, dass Sie es unmittelbar hinkriegen.

Es bedarf immer zwei. In meinem Fall benötigte ich eine Zeitung und eine Person namens Chefredakteur, der mir diese Aufgabe überträgt. Wenn Sie nun anfangen, lange nachzudenken, mit sich zu hadern oder Ihr Vorhaben endlos zu perfektionieren – Finger weg. Ich schrieb einige Probe-Kolumnen und sandte Sie an mögliche Verwerter.

Vergaß die Sache danach – das geschieht mir oft. Es hat nichts mit Oberflächlichkeit zu tun – nur, warum noch lange damit beschäftigen? Der Köder war ausgeworfen. Verschwenden Sie keine Zeit, mit Dingen, die Sie letztendlich nicht in der Hand haben.

Menschen, die alles vorkalkulieren wollen, absichern, wasserdicht machen, werden aus der Kurve geworfen oder Sie bleiben zitternd auf der Stelle stehen und wissen gar nicht warum? Locker im Schritt bleiben, auch wenn die Hose zwickt. Versteifen Sie sich nicht auf eine Sache. Wie gesagt, erzwingen geht nicht. Ihre Abenteuerreise benötigt keinen Nervenkitzel, keine billigen Tricks, keine Freizeitpark-Kultur. Und kein einziges Ziel. Wenn Sie, wie beschrieben, Ihre Segel auf einen anderen Kurs gesetzt haben, ist das doch wunderbar. Nur übersehen Sie auf dieser Reiseroute nicht die schönen Inseln, an denen Sie vorbeischippern, während Sie gewillt sind, neues Land zu entdecken. Sie müssen gar nichts finden, es findet Sie.

Perfektionismus ist die Mutter aller Schlampereien.
Um etwas Neues für sich zu erfinden,
braucht es keine Don Quijotes.
Es braucht Mut und Handlungsschnelligkeit.

Je älter wir werden oder wie viel Erfahrungen wir inne-
haben, desto vorsichtiger und befangener werden wir. Ich
bin manchmal erstaunt, wenn Menschen wenig Fragen
stellen und Scheu davor haben, etwas unverblümter in
die Bresche zu springen.

roland winterstein

16 | Meinung | Mallorca Zeitung
Nr. 949 – 12. Juli 2018

Mallorca-Sommer ohne neue Rekorde

Auch wenn es mal keine neuen Rekorde gibt, ist es eine Nachricht – oder gerade deswegen. Nachdem die Zahlen der Mallorca-Urlauber in den vergangenen Jahren praktisch beständig gestiegen sind, habei sich in der derzeitigen Hochsaison ein Gefühl der Ernüchterung an. Hoteliers klagen über niedrigere Auslastungen und Reservierungsausfälle. Als Gründe werden angeführt: die erstarkenden Konkurrenzdestinationen und ihre Preisoffensive, die gestiegenen Mallorca-Preise und nicht zuletzt die verdoppelte Tourismussteuer auf den Balearen.

Zusfuhren muss man festellen: Das der Besuchueranssturm im Sommer noch läsut und sich die Gästezahl besser über's Jahr verteilt, ist eines der Ziele der derzeitigen Linksregierung auf den Balearen. Sie wird also nicht an den Klagespesang der Hoteliers einstimmen – muss aber gleichzeitig darauf setzen, dass im Winterhalbjahr dazukommt, was im Sommerhalbjahr wegbricht. Die Nebensaison lief gar nicht schlecht. Bilanz ziehen lässt sich das allerdings erst zum Jahresende. Klar ist auch: Lob darf sich die Linksregierung für diesen Ausgleich, so er denn gelingt, nicht erwarten. Die Gemüter im Lager der Umweltschützer sind so aufgewühlt und die Debatte ist ideologisch so aufgeladen, dass ein gewisses Minus im Sommer keiner der Tourismuskritiker jubeln lassen wird. Es dürften ihnen weiterhin zu viele Urlauber sein. Die Hoteliers wiederum würden ihre Kritik an der Tourismussteuer verschärfen.

Es ist eine Gratwanderung: Die Urlauberströme müssen reguliert werden, der Tourismus muss nachhaltiger werden. Die Stimmung darf aber nicht kippen, Urlauber dürfen nicht das Gefühl haben, nicht mehr willkommen zu sein. Deswegen ist es gut, dass die Linksregierung Anti-Tourismus-Proteste jetzt deutlich verurteilt. Die Sozi-Politik darf zudem bei der Regulierung der Ferienvermietung nicht übers Ziel hinausschießen und zur vorbei sein, eine zu regulieren. Und bei der Tourismussteuer sollte endlich jeder Urlauber sehen können, wohin sein Geld fließt.

Temporada alta sin cifras de récord

Resulta acricia aunque no haya cifras de récord. Y quizá precisamente por eso. Después de las subidas casi constantes del número de turistas en Mallorca durante los años pasados, en la temporada alta actual se respira una sensación de desilusión. Los hoteleros se quejan de niveles de ocupación y reservas más bajos que en años precedentes. Como causas mencionan los esfuerzos de los países competidores, que han vuelto al escenario con precios mucho más competitivos, las tarifas más altas de Mallorca y el impuesto del turismo sostenible en Baleares, que recientemente se ha duplicado.

El hecho de que baje la afluencia suaiva de turistas en verano y se redistribuya mejor durante el año es uno de los objetivos del Govern de izquierdas actual. Es necesario concretarlo. Es decir, no va a apuntarse a las quejas de los hoteleros. Sin embargo, tendrá que apostar por ganar cuotas turísticas en invierno como las que se pierden en verano. La temporada baja no ha ido tan mal, pero no es posible hacer un balance antes de que termine el año. Y en el caso de que así suceda, el Govern no podrá esperar recibir elogios por acercarse al deseado objetivo de la descongestión, Entre las grupos ecologistas, la hoftiveles emociones intensas y debates ideológicos van a tener como consecuencia que cierta bajada de turistas en verano no va a ser motivo de celebración para los que siguen siendo demasiados. Y los hoteleros endudieran sus críticas a la ecotasa.

Es un equilibrio delicado: Hay que regular los flujos turísticos, el turismo tiene que ser más sostenible. Al mismo tiempo existe el riesgo de un cambio jmeral de la opinión de los turistas. No deben tener la sensación de que ya no son bienvenidos. Por eso es de celebrar que el Govern condene ahora las protestas anti-turistas de manera clara. Además, los políticos tienen que ser con la regulación del alquiler vacacional prohibiendo demasiado. Y en cuanto al impuesto del turismo sostenible, cada turista debería ver por fin para qué proyectos se emplea su dinero.

Touristensteuer sinnvoll eingesetzt

Je mehr Besucher auf die Insel kommen, desto mehr Geld müssen die Behörden ausgeben, um die Natur vor den großen Ansturm zu schützen und die Strände, Wege, Wälder und das kristensame Meer regelmäßig vom Abfall zu befreien. Damit die Inselaner das nicht allein aus eigener Tasche zahlen müssen, gibt es die Touristensteuer, die ja genau zu diesem Zweck eingesetzt wird. Ein gutes Beispiel dafür ist, dass sich die Balearen-Regierung nun aus dem Topf dieser Umweltabgabe bedient, um genaue Karten zu erstellen, wo der aktuelle Naturschutz sie herrenden Seegraswiesen vor der mallorquinischen Küste eigentlich genau liegen. Dann nur, wenn es verständliches Kartenmaterial gibt, lässt sich ein wirksamer Schutz der Poseidongras mit entsprechenden Strafen bei Nichtbeachtung auch durchsetzen.

> Den haben sie mir im Hotel gegeben.

> Sieht mehr besonders elegant aus, aber wenn ich besoffen oder bekifft zurückkomme und bloß nach Falle, komme ich lebend unter an, haben sie mir gesagt.

patreon.com/pau

Eine perfekte Welt

An einem Strand auf Menorca fand ich etwas Stein, der mir gefiel, und den ich ins Handgepäck steckte, als ich wieder nach Hause flog. Er hatte ungefähr die Größe einer Birne. War er schön? Ziemlich gesagt, nein. Er war aber beiseiabgand als schön, vor allem als er nach dem Trockum seinen Glanz verlor. Da er perfekt in die Tasche meiner Badehose passte, behielt ich ihn dort, und wechselte ich ihn in Zeitungspapier ein, als ich wieder im Hotel war. Ich sammle seit Jahren Steine, vor allem solche, die die Form eines Fingers haben, von denen es reichlich gibt. Das ist es, was die Natur am meisten produziert: Finger. Daumen, Mittelfinger, Zeigefinger, kleine Finger... Man kann sie überall finden, um man kaiviert Fingersnägele. Dieser bireungende Stam hatte keine präzise Form, Ich weigere mich noch zu sagen, dass er formlos war, weil sagar Formloses eine Form hat. Sagen wir, er sah aus wie eine kleine Leber. Bei der Handgepäckskontrolle um Flughafen erregte der Stein die Aufmerksamkeit des Sicherheitsbeamten, und er bat mich, die Tasche zu öffnen. "Ich will nicht", sagte er. "Sie haben da etwas Eigenartiges." Ich wechselte den Stein aus dem Zeitungspapier aus und gab ihm dem Beamten. "Eine kleine Erinnerung an die Insel", sagte ich. Ich unterstrich den Begriff "kleine", um ihm zu versuchen zu geben, dass er keine archäologische Figur oder Ähnliches in den Händen hielt. Dennoch beschfagnahmte er ihn und erinnerte mich daran, dass Menorca ein Biosphärenreservat war. Ich nahm ein Schockenstand ins Flugzeug Platz, da ich um den Schaden wusste, den ich mit meinem Mangel an Sensibilität einem Biosphärenreservat zugefügt hatte, und stellte mir vor, wie die verantwortliche Beamten die Stein zurück an seinen Ursprungsort bringen würden. Eine Welt wie oder leben wir eines mehr in einer perfekten Welt?

Juli bis August 1973

Angenehmer Wind blies so kräftig von Südwest, dass er sanfte Fußspuren im Sand zu sanften Wellen glättete. Ich war jung, sehr jung und Mallorca noch eine beinahe unberührte Schönheit. Heute sieht sich wieder an meinem Strand, und alles kommt zurück. Lass und rechts reicht die Küste bis zum Ende des Horizont. Und die Natur verursacht und gibt vieles zu sehen, damit sich ich immer Ansichten noch den "Schönerner". Die zivil eingepackt hatten und sie lieferten bleuerten. Sie weilen ter die Waterung einfach nicht an sich ranlassen. Meine Eltern grinsten immer und sagten: Die haben nichts verstanden. Ich blieb stumm am. Heute gibt es die "Seltsamen" nicht mehr – alle ziehen blass und röten in Reth und Glied. Auch das ABC des gestern Mallorca-Urlaubers, an das wir uns eine klavisch hielten, zählt nichts mehr. Zeitung liest man heutzufem. Sonzenschirm kennt kaum, Sand einluddeln, damit er nicht heppt gehe, den Müll sofort entsorgen und Trinkflaschen nie offen stehen lassen. Alles passé. Wir im Sommer 1973 waren eine Raseltbunde. Meine kleine Schwester Eveline löppelte auch immer mit, obwohl sie uns großen Jungs nervte. Hier machten wir unsere erste Nacht unterm Sternenhimmel durch. Ich glaube, Mallorca täuschte uns mehr schönes Dies erstes Kuss hatte ich leider vergafgt, wieder mal zu viel geredet und zu wenig gemacht. Heute hätte das allerglich, eine einer schokische mal sein kleines, mein Musterboot samt Kapitän vorbei und wir durften einen Anflug aufs offene Meer wagen, zu den kleinen Felsbuchten im Nordosten, von anorblosem Wasser umgeben. Heute sah der ein eingentremen Beschwerde. Rote Motorboote fahren lange nicht mehr, es ankern um Yachten und Segler dort. 40 Grad und kaum vorhandene Schatten, abends fragten die Eltern nie, wen ihre Kinder einst trieben im da nun nach Hause brachten. Es gab für die Nodeln und Dessen. Manchmal, wenn ich an diese längst vergangenen Tage meiner Kindheit auf der Insel denke, kommen sie mir so endlos vor. Monate voller Sand, Stille, Sonne, Wind und Wellen. Der vom eigenen Taschengeld gekaufte gelbe Bierkrümer, Die erste nach Deutschland geschleifte Postkarte, vorne darauf malte ich ein Kreuz und schreib: Hier stahr unser Haus am Meer. Hurra! Oder als Onkel Jürgen erste mit seinem klappejen Touna-Kombi aus der Frühstücken Schweiz anreise und bei 33 Grad zu Schatten die Insel eimge Aussenwächtlige auf Mallorca beuchte und dabei verzagt, die Rückfenster hochzukurbeln. Mein großer Sohn trät heran, wir blicken still aufs Meer. Schöner Tag heute, sagt er. Ich nicke, fahl schönes Tag, wiederbolt er und des in für das schon ein Temperamentausbruch oberster Wallung. Mallorca wird ja von vielen geliebt, hoffen lässt die Insel sich leid nicht um für den gestern Teil bleibe diese Liebe halt.

Berufsbezeichnung: Wöchentlicher Kolumnist für Jahre!

Ich war also wieder sichtbar. Jedes Tun macht uns kenntlich. Und mit einem Portrait in einer Wochenzeitung sind Sie die Kirsche auf der Torte. Trauen Sie sich. Ohne den Kopf rauszustrecken, gelingt wenig.

Wenn Sie glauben, Sie seien schon wieder der Meister aller Klassen, ist das meiner Meinung nach die unbefugte Selbstherrlichkeit der Geltungsbedürftigen, die meistens auf der Strecke bleiben. Sie dürfen gern felsenfest an sich glauben, aber überschreiten Sie niemals die objektive Mitte Ihrer natürlichen Anmaßung. Hochtrabendes Getue führt nur zu einem schlechten Image. Und wer will schon mit einem schlechten Image zusammenarbeiten? Also weg mit diesen Empfindlichkeiten. Gute Werber sprechen vom inneren Weg-frei-Machen und niemals von Leuten, die affektiert stammeln: »Ähm, lass mich kurz überlegen.«.

Ich hatte für mich individuell das Nützliche mit dem Angenehmen verbunden. Inselautor als bezahlte Arbeit. Klingt doch ganz nach Urlaubskatalog in Hochglanz. In der Tat. Über Jahre erzählte ich kleine und große Geschichten rund ums Mittelmeer. Ich saß wieder im Brennofen meiner Kreativität. Aber diesmal hatte ich einen Schutzanzug an. Denn ich war – wie gesagt – ja erwachsen geworden.

**Die Arbeit war das Fitnessstudio meiner Spiritualität.
Der Weg zum Meer.**

Niemals eine Einbahnstraße!

Kapitel 33

Es gibt einfach keine Marge
für Zeitverschwendung.

Ich aktivierte die Wertschöpfung. Manchmal lohnt es sich, mit einem kleinen Job zu starten. Eine Kolumne ist finanziell gesehen nicht gerade ein Lottogewinn mit Zusatzzahl. Fürs zweifelsohne vorhandene Renommee erhalten Sie beim Bäcker keine Teigwaren. Arbeiten Sie dennoch vollumfänglich und aussichtsreich. In meinem Fall ergaben und entwickelten sich so viele andere Aufgaben, die allesamt mit Insel, Tourismus, Kolumne zu tun hatten.

Natürlich bringt auch hier ein über das Knie brechen wenig Ertrag, aber mit ein bisschen Geschick und Ideenvielfalt lässt sich so auf Ihrem Konto eine Menge bewerkstelligen.

Es konnte schon wieder einmal nicht mehr besser kommen.

Und dann kam die nächste globale Krise. Sie trug keine Maske und ich hatte ja meinen Schutzanzug und mir geschworen: Nie wieder Angst!

Hören Sie gut zu!

Nie wieder Angst!

Hörner auf.
Zunge raus.
So sehen Krisenbezwinger aus!

Kapitel 34

Kontrollverlust oder das große Schummern

Wir alle bauen an unseren Oasen. Gewollt oder ungewollt. Ganz offenherzig oder im Verborgenen. Ich nehme mich da nicht aus. Plötzlich war im südländischen Paradies trotz Sonnenschein nur noch mieses Wetter. Mein großes Rad, an dem ich gerade drehte, kam knirschend zum Stillstand.

Wieder einmal wurde ich jäh aus meinen Träumen gerissen. Mit dem Unterschied, diesmal in einem Alptraum aufzuwachen. Plötzlich hieß es weltweit Feuer frei und nirgendwo kam eine gute Fee um die Ecke, die mich hätte retten können. Doch zur Wahrheit eines Siegers gehört nun mal die permanente Anstrengung.

Nur auf dem Boden harter Arbeit, breitet sich normalerweise der Einfall vor.
(Max Weber, 1862–1920)

Mit dem Übermaß an Herausforderungen, die ein Ausnahmezustand mit sich bringt, ist eine belastbare visionäre Fähigkeit unabdingbar. Wenn Sie die Kontrolle verlieren und bei einem Hochhausbrand mit allen nach unten drängen, wäre der Weg aufs Dach eventuell der rettende Ausweg. Kooperation oder Konkurrenz – das müssen Sie selbst blitzschnell entscheiden und klug nachdenken.

In jeder Krise erwartet Sie ein Kampf bis aufs Messer. Oftmals wird dieser unter dem Deckmantel der Gemeinsamkeit mit der feinen Klinge ausgefochten. Wenn Sie keine Paraden einstudiert haben, wird es Sie härter treffen als andere. Seien Sie jederzeit auf Härten vorbereitet. Das soll nicht entmutigend wirken, sondern Ihre berufliche und private Existenz feuerfest machen. Denn an beiden hängt bekanntlich ja so viel mehr. Sie!

Ich verlor in jener heftigen Phase einiges an Arbeit und Zeit. Ich hatte alle Hände voll zu tun, andere aufzurichten, die sich weinend in meinen Arm warfen. Ich tauge nicht recht zum Lebensretter, der beim drohenden Weltuntergang noch ganz sonor die Eroberung anderer Welten als Mission unter die klagende Meute bringt. Aber ich denke, mit gebender Hand, etwas an liebevollem Zuspruch und forschendem Auge ist viel machbar. Also machte ich mich ans Werk.

Viele haben in guten wie in schlechten Zeiten etwas zu mäkeln.
Gehören Sie nicht zu denen!

Ich stand da, in meinem mit Tom Dixon Lampen ausstaffierten Korridor, zwischen den Zeiten und blickte aufs tosende Mittelmeer. Unzählige Türen wurden in Windeseile zugeschlagen. Das wurmt. Aber gibt es nicht diesen unsäglichen Spruch, dass immer eine Tür aufgeht, wo eine andere sich sanft schließt oder krachend zugeschlagen wird?

Haben Sie niemals Angst um Ihr Leben, es sei denn, Sie sind todkrank!

In besonderen Zeiten gelten andere Regeln. Irgendwann muss es plötzlich blitzschnell gehen. Reagieren Sie! Gehen Sie voran! Wer Ihnen dabei in die Quere kommt, Ihr Tun als utopisch verschreit, überhören Sie diese Sirenen.

Wenn andere Mauern einreißen und den Tag lieber mit einem Schluck Selbstgebrannten beginnen, seien Sie derjenige, der ganz nüchtern und voll Elan mit dem Wiederaufbau beginnt.

In Aktion zu treten, bedeutet, dass die Zukunft so tut, als gäbe es sie noch.

Die Gefahr, zu denen zu gehören, die in der Not ausgebootet werden, ist da. Es werden immer Menschen am Straßenrand zurückgelassen. Seien Sie sich darüber klar, in miesen Zeiten in einem großen Sieb zu liegen. Alles und alle werden kräftig hin und her geschüttelt. Krallen Sie sich fest, mit allem, was Sie haben!

Was ist Ihr Plan, Ihre Aufgabe für »danach«?

Menschen können es nicht leiden, keine schnellen Lösungen und Antworten parat zu haben. Das setzt sie unter Stress. Wir leben in einem großen Spiel, das Wettbewerb heißt. Und Wettbewerb hat 24 Stunden geöffnet. Ein Angriff von Außerirdischen mal ausgenommen. Und selbst in diesem Szenario gäbe es einen Wettstreit um die sichersten Plätze und besten Waffen. Ordnen Sie Ihre Vorgehensweisen, auch wenn diese Pläne im Augenblick nur ein künstliches System aus Gedanken sind. Es hilft Ihnen, zügiger als andere in die Umsetzung zu gelangen. Und wenn es Ihnen irgendwie möglich erscheint, nehmen Sie diese »anderen« auch mit.

Auf den billigen Plätzen ist der Bewegungsradius zweifelsohne größer, doch die Sicht aufs Wesentliche bleibt eingeschränkt. Auf den Zehenspitzen stehend wird Ihr Erlebnisbericht in der Krise in der Gesamtaddition mühseliger und kostspieliger. Ersparen Sie sich das.

Wenn das Leben erbarmungslos tobt, gibt es für Sie kein Grundrecht auf Langstreckenflüge oder Jetskitouren. Ihre Aufgabe lautet, das Prinzip »toter Mann« zu verachten.

In diesem Buch wird viel über Erlangen, Verlieren, Aufstehen, wieder Hinfallen und Zurückkehren berichtet. Ich habe viele Zäsuren erlebt. Viele waren nicht der Rede wert und einige waren in der Tat elementar. Ich habe in solch beschwipsten Zeiten meinen Blick auf die gelungenen Lebensgeschichten gelegt, auch wenn Sie oftmals nur halb so zuckrig schmeckten wie erzählt.

Natürlich kam irgendwann der Anruf vom Steuerberater. Der Ruin rückte wegen der globalen Turbulenzen gefährlich nahe an mich heran, denn alle Anlagen und Investmentchancen, die ich gegen den Willen meines Beraters durchgeboxt hatte, erwiesen sich als wenig krisensicher.

Ich hatte mich blenden lassen. Das einstige Glänzen auf hohem Niveau entpuppte sich als scharfkantiger Bumerang, der mir nun sirrend als mein »endgültiges Aus« entgegenflog.

Hatte ich nicht unzählige Erfolgsspuren gelegt?
Und jetzt erwiesen sich diese
nur als verwaiste Gates des Niedergangs.

Sie können alles wissen oder wenigstens glauben, alles zu wissen und zu kennen, manchmal benötigt es nur 5 % die 100 % ausmachen. Eine so lächerlich minimal anmutende Einheit kann über Ihr Wohl und Wehe richten. Wenn Sie in den ausschlaggebenden Notfällen keinen kleinen Sanitätskasten an andersartigen Abwehrtaktiken, Ausweichmanövern und Handlungsschritten parat haben, wird es zappenduster. Ich hatte meinen Sanitätskasten lange vernachlässigt, ihn nicht erneuert, als überflüssig empfunden.

Rein inhaltlich sind an einer Totalkatastrophe für mich nur zwei Momente interessant. Der Anfang und das Ende. Mit Ersteren hatte ich bereits mehrmals Bekanntschaft geschlossen und die Freundschaft erneuert. Das drohende Ende wagte ich mir kaum auszumalen. Was ich aber ahnte, Campari trinken, schwimmen bei Sonnenaufgang, noch mal Campari trinken – damit würde es wohl nun endgültig vorbei sein. Genauer betrachtet war es lange vorher bereits vorbei mit diesem »Herumtollen im Garten Eden«, der sowieso im Ruf steht, die gefährlichste aller Lebensformen zu sein.

Ich war konsterniert. Wie oft schon? Ich hatte aufgehört, mitzuzählen. Am Boden, ausgetrickst, belogen, reingelegt. Das Leben hatte fürwahr Raffinesse bewiesen. Und ich bin mir sicher, diese Gefühle sind Ihnen auch nicht fremd, sonst würden Sie mein Buch wohl nicht lesen. Ich hatte und habe immer Interesse an verrückten Zeiten, doch diesmal dauerte es etwas länger mit dem Aufbäumen.

**Für das, was du kriegst, fragt dich keiner,
was du schenkst.**

Klingt verdächtig nach einem 11. Gebot, aber so hoch hängen möchte meinen damaligen letzten Leitspruch nicht, den ich mir nach einer gewissen Schockstarre relativ rasch auferlegt hatte. Ich wollte nicht nur dastehen und meinen Totalcrash beiläufig beklatschen. Ich kam mit letzter Anstrengung langsam, aber sicher wieder ins Rollen. Nein, es war sicherlich kein Rollen, sondern eher ein Millimeter um Millimeter irgendwohin robben.

Wenn ich mitten im Rennen oder bereits schon viel früher einen Zusammenbruch hatte, man mir den Stecker gezogen hatte oder aus mir völlig undefinierbaren Gründen es aussichtslos schien, das noch zig Kilometer entfernte Ziel zu erreichen, bin ich in Bewegung geblieben.

Zwar langsamer geworden, getippelt und auch gegangen, was eine Höchststrafe für Läufer darstellt, aber ich habe mich nach Leibeskräften bemüht, weiter Anschluss ans Feld zu halten.

Wenn die Bäume kahl sind, ist es die beste Zeit, bunte Vögel zu beobachten!

Diese kurze Spanne zwischen »Ich falle« und »Voll im Saft stehen« kommt unglaublich banal um die Ecke. Da heißt es: nicht einknicken!

Und wieder gilt:
Was ich kann, können Sie schon lange!

Eine Welt ohne Tür stand wieder offen und die gewaltigen Dämme aller Versagensängste waren durchbrochen. Mein Lebensbaum hatte wieder Feuer gefangen, obwohl ich zehn Minuten vorher nicht mehr ein und aus wusste. Ich hatte sozusagen meine innere Bremse gelöst.

Sie müssen in keiner brenzligen Situation
Ihr Leben ändern.
Sie müssen Ihr Ändern ändern.

Eine Randnotiz aus dem Sport. Die Freunde oder Bekannte, die am Straßenrand stehen und Sie anfeuern, sind die beste Wahl für die frustrierenden Phasen im Leben. Diejenigen mit dem Slogan »Du kommst ja nicht mal die Treppe runter« eliminieren Sie bitte. Diese Störfeuer sind die denkbar schlechtesten Ratgeber, wenn es gerade sowieso nicht flutscht und Sie auf freiem Feld notlanden müssen und keine Ahnung haben, wie man eigentlich landet.

F.A.I.L. – First Attempt In Learning!
Man muss nicht alles wissen, um nicht alles
zu verstehen!
Wer eine gute Show liefert, ist der Boss!
(Klaus Kinski, 1926–1991)

Kapitel 35

Fallen Sie aus der Rolle, um aus der Falle zu rollen.

In schwierigen Zeiten gelten nur »die Tätigen« als Hoffnungsträger. Tragen diese Macher hehre Absichten in sich? Ich tauge weder als Prophet noch als Duckmäuser. Ich gehe jedoch vom Guten im Menschen aus. Selbst, wenn das Nass etwas kühler als normal scheint, sollten wir trotzdem die Zehenspitzen hineinstecken. Schmieden Sie unverdrossen Pläne. Ja, es könnte auf ein zermürbendes Puzzlespiel hinauslaufen, es ist aber viel besser, als mit einem Überflüssigkeitsgefühl herumzusitzen.

Es geht wohl darum, etwas Frisches auszuprobieren. Die Kühnheit bewahren, ohne erhaben zu werden. In dem Wissen, dass einiges fehlschlagen kann. Beweisen Sie Ihrem munteren Ego, dass Sie ausreichend Fantasie besitzen.

Nur wenn die Fantasie der Realität nicht standhält, ist sie eine Sackgasse!

Fragen werden auftauchen in dem viel zu engen Teich, in dem Sie gerade Ihre Runden drehen. Wird es erneut reichen? Überhaupt etwas gelingen? Kreuzen Sie an: Ja! Vielleicht ... Nein! Werden Sie sich den Weg freiboxen können? Es hinkriegen?

Freuen Sie sich auf die Resultate! Freundlichkeit und Begeisterungsfähigkeit sind ansteckender als jeder Keim. Allein sind wir wenig. Zusammen ein Weltwunder.

Nur keine Bange vor der Einstelligkeit. Keine Furcht vor feuchten Achselhöhlen. Und das Funkeln der Angst wird radikal ausgeblendet. Schieben wir all die, die Unsicheren, die nicht mitziehen, in die Randgebiete. Zumindest ein Weilchen. Vertrauen Sie sich allein und anderen! Niemanden zu vertrauen, stellt nur sicher, niemals mehr betrogen zu werden. Der Preis dafür erscheint mir entschieden zu hoch. Wer noch nie den Kürzeren gezogen hat, sollte sich vielmehr fragen, ob seine Lebenseinstellung stimmt.

Ich vertraue in Extremsituationen
nicht nur meiner Intuition,
sondern entscheide bewusst rational, um Dinge
zu ändern und vorwärtszubringen!

In jedem von uns sind Verstärker eingebaut. Bei dem einen fallen diese kleiner aus, bei anderen sind die Geräte eine Nummer größer. Nur, wenn Sie diese Einrichtungen niemals auf Höchststufe drehen, wird keiner kommen, der in Ihr neues Glück investiert. Die nächste glorreiche Parade wird rasch an jenen vorbeiziehen, die nur ein »vielleicht« oder »ein bisschen« ausstrahlen.

Machen Sie sich laut.

Zaudern Sie nicht mit Wahrscheinlichkeiten und anderen Illusionen von Ruinierung. Wissen Sie wirklich, was hinten rauskommt? Das Richtige oder das Falsche oder doch nur von beiden ein Stückchen?

Seien Sie niemals zu viel von zu wenig.
War jemand ein guter Geschichtenerzähler,
hörten ihm die Menschen zu.
War jemand ein guter Jäger,
ließen sich die anderen von ihm führen.

Nur keine falsche Bescheidenheit. Nicht jeder muss alles können. Ich bin zum Beispiel nicht derjenige, der selbst gemachten Kartoffelsalat mitbringt, aber ich kann gut zuhören. Also wissen Sie, was Sie an mir haben. Nichts zu essen, aber aufrichtige Aufmerksamkeit.

Was haben Sie zu bieten? Ich bin sicher, da existiert Wunderbares, was an die Oberfläche gekarrt werden sollte. Und wenn es nur ein flotter Spruch am Schluss ist, der jemand anderen aufrichtet. Verharren Sie niemals. Umarmen Sie nicht nur Bäume, umschlingen Sie Ihren Elan, Ihren Überschwang, Ihren Feldzug gegen die Lethargie. Jede Krise ist der Feind an drastischen Maßnahmen. Und ein falscher Freund der Lüge und dem Tricksen und Täuschen. Bleiben Sie möglichst real.

Sortieren Sie all die verstreuten Klötze namens Abschottung, Verwirrung und Unsicherheit. Keiner wird Ihnen diese Arbeit abnehmen. Je früher Sie am aktuellen Dilemma kratzen, ihm in Ihrem klammen Habitat entgegentreten – wie klein und schwach Ihnen die ersten Aktionen auch vorkommen mögen –, desto umgehender geben

Sie die rote Laterne ab. Dinge und Zeiten ändern sich, selbst, wenn gerade alles bei Ihnen vor die Hunde geht.

Seien Sie der Punkt, in dem sich alle Linien kreuzen!

Vergessen Sie Ihre Verzagtheit.
Sie haben ein neues Leben verdient,
können es sich verdienen.
Sofern Sie mit Ihrem alten nicht mehr
einverstanden sind.

Gehen Sie lieber auf Nummer unsicher
als auf Nummer sicher.

Zeit zum Aufbruch. All das beiseitezulegen, zu verlieren, was bequem und diffus macht, bedeutet für mich, weit vorzurücken im Teilnehmerfeld des Lebens an die Startlinie. Oder ist es gar ein Zurückdrängen von schlechten Gewohnheiten?

Ich bin wunderbar ratlos und vertraue dem Zustand, den man »etwas wankend« nennt.

Kämmen Sie Ihre Mähne
und fletschen Sie die Zähne!

Ich wünsche mir, dass Sie meine Erkenntnisse, Erlebnisse und Erfahrungen an der einen oder anderen Stelle gebrauchen können, wenn mal wieder etwas aus den Fugen gerät.

Herzlich willkommen im richtigen Film!

Schicken Sie Ihre talentiertesten Armeen ins lebensfrohe Getümmel. Gemeisterte Notsituationen zeichnen sich dadurch aus, dass Sie sich etwas zumuten. Laufen Sie los! Ich werde unbekannterweise bei Wind und Wetter am Straßenrand stehen und Sie anfeuern! Auf Garantie! Wir sehen uns! Hand drauf!

Los!

Für meinen Teil werde ich an den Ausgangspunkt null zurückgehen. Aber es ist nicht nur null. Es ist eine Null, die sich mit Licht und Zuversicht füllt, zu strahlen beginnt, wärmt, es ist die Sonne. Meine Sonne im Süden.

Schaut, wie ich sitze, wie ein an Land gezogener Kahn.

Ich bin glücklich! (Tomas Tranströmer)
Ich auch! (Roland Winterstein)
Und Sie? ...

Der Autor dankt

Prof. Axel Beyer

Dr. Irene Wellershoff

Dr. Christoph Schottes

Dr. Ciro Krauthausen

Dr. Petra Fohrmann

Dr. Kai Puntel

Dr. Ludwig Bauer

Peter Lamprecht – Welt am Sonntag

Renee Repotente

Jutta und Thomas Goletz

Tele 5, Kabelkanal, Kabel 1, ZDF, Bayerischen Rundfunk.

Egmont Ehapa

Depesche Verlag

Blue Ocean Media

Edition Limosa

Medienzentrum Parabol

Stephanie (wer hat schon eine Lektorin auf Zypern? Ich!)
Und all den guten Geistern, Freunden und langjährigen
Wegbegleitern, die wissen, dass Sie diese guten Geister,
Freunde und langjährige Wegbegleiter waren, sind und
für immer bleiben. Meinen Eltern. Und last but not least:
Meiner gesamten Familie für Rat und Tat.

Zeitfracht Medien GmbH
Ferdinand-Jühlke-Straße 7
99095 Erfurt, Deutschland
produktsicherheit@kolibri360.de